Lena Schraml

AF511364

111 Orte in Krakau, die man gesehen haben muss

Mit Fotografien von Marta Wróbel

111

emons:

Bibliografische Information der Deutschen Nationalbibliothek
Die Deutsche Nationalbibliothek verzeichnet diese Publikation in der Deutschen Nationalbibliografie; detaillierte bibliografische Daten sind im Internet über http://dnb.d-nb.de abrufbar.

FSC® www.fsc.org MIX Papier aus verantwortungsvollen Quellen FSC® C083411

© Emons Verlag GmbH
Alle Rechte vorbehalten
© der Fotografien: Marta Wróbel
© Covermotiv: shutterstock.com/dancar
Gestaltung: Eva Kraskes, nach einem
Konzept von Lübbeke | Naumann | Thoben
Kartografie: altancicek.design, www.altancicek.de
Kartenbasisinformationen aus Openstreetmap,
© OpenStreetMap-Mitwirkende, ODbL
Druck und Bindung: CPI – Clausen & Bosse, Leck
Printed in Germany 2021
ISBN 978-3-7408-1087-0
Originalausgabe

Unser Newsletter informiert Sie
regelmäßig über Neues von emons:
Kostenlos bestellen unter
www.emons-verlag.de

Vorwort

Krakau gehört zu den beliebtesten Städten Polens. Die hier ausgewählten 111 Orte fassen die wunderbare Mischung aus wahren und erfundenen Geschichten zusammen, die Krakau ausmachen. Ihre magische Atmosphäre entsteht erst durch diese Vielfalt an Historie, Mythen und Moderne, an Bekanntem und Unbekanntem, Erinnern und Vergessen.

Krakau ist ein faszinierendes Konglomerat aus Konservatismus, Progressivität, katholischer Kirche und anarchischer Kunst. Hier liegen Heldentum und Tragödie, kulturelle Viel- und Einfalt hautnah beieinander, und trotz der teils schwerwiegenden Geschichte ist die Stadt nicht erstarrt. Nie hat sie aufgehört, aufzustehen und weiterzumachen, sich neu zu (er)finden. Das Neue überschrieb dabei nicht einfach das Alte, es verband sich mit diesem, integrierte sich und wurde Teil der heterogenen Einheit Krakaus. Nicht ohne Grund fanden sich die wichtigsten Künstler des Landes früher oder später hier ein.

Dieses Buch vermittelt einen Einblick in Geschichte und Kultur einer Stadt, der nicht nur aus historischen Fakten besteht. Lernen Sie mit uns unbekannte, vergessene Orte und Menschen kennen, die Krakau prägten und prägen. Betreten Sie eine Welt starker Frauen, Drachen und Kraftsteine, eine Welt der zeitgenössischen und mittelalterlichen Kunstszene, der verwunschenen Wälder, der Weltgeschichte. Erfahren Sie mehr über Ereignisse und Persönlichkeiten Polens, die hier ihren Ursprung, ihre Wirkstätte oder ihr Ende fanden. Und wer einmal genug von den Touristenmengen und all der Historie hat, dem zeigt dieses Buch auch Orte zum Rückzug in die Natur.

Krakau kann mehr als Junggesellenabschiede und Johannes Paul II. – wenn man sich darauf einlässt. Kommen Sie herein in eine Welt der Geschichte(n), lassen Sie sich verzaubern und Sie werden nie wieder gehen wollen!

111 Orte

KRAKOW
PINBALL
MUSEUM

1 Der Alte Markt

Das kulinarische Herz

Märkte sind die kulinarischen Herzen einer Stadt. Der Besuch auf einem Markt gibt einen guten Einblick in das Land, in dem man sich gerade befindet, und in dessen Kultur. Welches Obst und Gemüse ist hier heimisch, welche lokalen Spezialitäten machen diese Gegend aus? Gespräche mit Einheimischen gehören dazu, und wer die Sprache eines Landes lernt, probiert sie am besten hier aus.

Beim Alten Markt in Stary Kleparz handelt es sich um den ältesten kontinuierlich geöffneten Markt in Krakau, er findet seit Mitte des 14. Jahrhunderts statt. Kleparz war einst eine eigene Stadt im Norden Krakaus. Sie lag an den Handelsstraßen Richtung Toruń und nach Schlesien, aber auch Richtung Lublin und Sandomierz kamen hier Händler vorbei. Weil sich Kleparz in der Nähe der Kirche von Sankt Florian befindet, nannte man diesen Stadtteil im 14. und 15. Jahrhundert auch »Florencja«. In der Volksrepublik war der Markt staatsgeführt, und nur hier konnte man sich sicher sein, alles zum Leben Notwendige zu bekommen.

Der Alte Markt in Kleparz vereint Moderne mit jahrhundertealter Tradition: Das Einkaufserlebnis mit seinen zahlreichen Eindrücken und Angeboten ist geblieben, hinzu kam in den letzten Jahren das kostenlose WiFi überall auf dem Platz. So bleibt man gleichzeitig mit der Außenwelt verbunden, kann diese auch über die neuesten und attraktivsten Angebote informieren.

Von Süden her kommend tauchen wir ein in ein Meer von bunten Blumen. Etwas anders und doch auf ihre Art duftend folgen Stände mit Milchprodukten, typischen Käsesorten aus der Gegend, wie beispielsweise Bryndza, Bundz und Oscypek.

Wer internationale Delikatessen liebt, kommt ebenfalls auf seine Kosten und kann zwischen italienischen, griechischen, spanischen, portugiesischen oder ungarischen Lebensmitteln wählen. Weiter gibt es Süßigkeiten, Fleisch, Backwaren, Fisch.

Adresse Stary Kleparz, Rynek Kleparski 20, 31-150 Kraków | ÖPNV Tram 2, 4, 14, 20, 24, Haltestelle Stary Kleparz | Öffnungszeiten Mo–Fr 6–18 Uhr, Sa 6–16 Uhr, So 8–15 Uhr | Tipp Von der Dachterrasse des Restaurants »Zielony Tarasy« (sagt alles: Grüne Terrassen) in Nowy Kleparz hat man einen wunderbaren Blick auf Krakau.

2 Das Alte Nationaltheater

Bretter, die die polnische Welt bedeuten

Das Theater spielt von jeher eine große Rolle in Polen. Als das Land Ende des 18. Jahrhunderts zwischen Preußen, Österreich-Ungarn und Russland aufgeteilt wurde und für 123 Jahre von offiziellen Landkarten verschwand, erhielten sich die polnische Idee, Sprache und Kultur im Gedächtnis der Bevölkerung. Dies war den Künstlern zu verdanken, die mit ihren eigenen Mitteln die Zensur der Besatzungsmächte umgingen und ihre Botschaften unters Volk brachten. Die Gräber polnischer Nationaldichter der Romantik wie Mickiewicz und Słowacki auf dem Wawel zeugen von der Bedeutung der Literatur in jener und auch in der heutigen Zeit. Ihre Werke wurden im Theater aufgeführt, was den Vorteil bot (und bietet), sich zusätzlich zu den versteckten Botschaften der Poesie auch ganz direkt an die Zuschauer richten zu können.

Das Alte Nationaltheater Krakaus trägt den Namen Helena Modrzejewskas, einer berühmten Schauspielerin des 19. Jahrhunderts. Seit dem Jahr 1799 finden hier Aufführungen statt, das Gebäude ist das älteste erhaltene, aktive Theater Polens. Es ist zudem ein besonders prächtiges Beispiel für einen Bau im Jugendstil. Nach dem Zweiten Weltkrieg begann eine neue Hochphase des Theaters am Szczepański-Platz 1. Denn auch in der Zweiten Republik gab es genug zu kritisieren und beleuchten, was die Kreativen der Stadt auf die Bühne zu bringen wussten. Das Repertoire reichte von Klassikern wie Shakespeare, Tschechow und Dostojewski bis hin zu zeitgenössischen Stücken von Dürrenmatt, Mrożek und Witkacy. Regierende, die keine allzu kritischen Aufführungen provozieren wollten, ersetzten kurzerhand die Theaterleitung. Manches hat sich bis heute nicht geändert.

Auch wenn die meisten Inszenierungen natürlich auf Polnisch sind, lohnt sich der Besuch des Theaters doch aufgrund der aufwendigen und eindrucksvollen Vorstellungen. Spontan gibt es oft noch besonders günstige Restplätze.

Adresse Jagiellońska 1, 31-010 Kraków | ÖPNV Tram 2, 8, 13, 18, Haltestelle Teatr Bagatela | Öffnungszeiten Kasse: Mo–Fr 11–15 Uhr, Reservierungen auch unter Tel. 0048/124 224 040 | Tipp Das Café »Charlotte« am Plac Szczepański ist für seine wunderbaren Croissants und selbst gemachten Aufstriche bekannt und beliebt.

3 Andrzej Mleczkos Galerie

Kunst von Polens bekanntestem Karikaturisten

1982, die polnische Regierung hatte gerade das Kriegsrecht ausgerufen, eröffnete in einem kleinen, heruntergekommenen Häuschen in der Parallelstraße zum Marktplatz eine neue Galerie. Der polnische Zeichner und Karikaturist Andrzej Mleczko hatte beschlossen, sich selbstständig zu machen, weil er nicht mehr in der unter Zensur stehenden Presse veröffentlichen wollte.

Er verkaufte in seinem Laden unter anderem Duplikationen seiner eigenen Zeichnungen, weswegen ihn im Jahr darauf das Zentrale Zensurbüro vorlud und fragte, warum er das tue. Als er versprach, dies in Zukunft zu unterlassen, bekam er die Erlaubnis zum Weitermachen. In der darauffolgenden Zeit war unter anderem der Schriftsteller Jerzy Pilch Verkäufer in seinem Geschäft. Nach dem Fall des Eisernen Vorhangs und damit auch des ganzen Systems gab es keine Zensur mehr. Auf seiner Homepage witzelt Mleczko, dass dieser Umstand zwar viel Zeit erspart, aber auch seine Kreativität stark beeinträchtigt habe. Seit 2001 gibt es einen eigenen Verlag im Haus, der hauptsächlich Mleczkos Zeichnungen, aber auch andere kleine Werke publiziert.

Der 1949 in Tarnobrzegu geborene Künstler studierte zunächst Architektur an der Technischen Universität Krakaus. 1971 debütierte er mit seinem ersten Comic in der Wochenzeitung »Student«. Neben seinen satirischen Zeichnungen, für die er (zumindest in Polen) berühmt ist, gestaltet er auch Plakate, Bühnenbilder, Grafiken und Werbezeichnungen. Seit der Eröffnung der Galerie veröffentlichte Mleczko über 20.000 Zeichnungen und Illustrationen, über 45 Alben und organisierte über 200 Ausstellungen in der ganzen Welt. In seinen Galerien, eine in Warschau und diese in Krakau, finden Fans und solche, die es durch einen Besuch werden, unzählige seiner Werke ausgestellt, können aber auch im Shop daneben allerlei Souvenirs mit seinen Zeichnungen erwerben.

Adresse Świętego Jana 14, 31-018 Kraków | ÖPNV Tram 2, 4, 14, 15, 18, 20, 24, Haltestelle Stary Kleparz | Öffnungszeiten Mo–So 12–18 Uhr, www.mleczko.pl | Tipp Der Atelierladen »Lookarna« von Renia Loj in der Józefa 11 in Kazimierz ist ebenso einer der Orte, aus denen man verzaubert lächelnd herauskommt. Die Galerie ist gleichzeitig Arbeitsort der Künstlerin, hier zeichnet sie ihre verträumten, wundersamen Bilder und lässt sich dabei über die Schulter schauen.

4 Die Atomschutzbunker

Endzeitstimmung in Nowa Huta

Über die Bunker in Nowa Huta existieren viele Mythen. Manche besagen, unter dem ganzen Gebiet dieses Stadtteils befinde sich eine zweite, unterirdische Stadt und es sei theoretisch möglich, sich dort unten zu verlaufen und niemals wieder an die Oberfläche zu kommen. Manche Leute behaupten, sie seien auf der einen Seite von Nowa Huta hinuntergegangen und in einem ganz anderen Viertel wieder heraufgestiegen. Unter dem Museum der PRL soll sich außerdem der größte Bunker Krakaus für einige hundert Leute befinden, errichtet für den Fall einer nuklearen Bedrohung. Um Gerüchten wie diesen entgegenzusteuern und sie in alle Winde zu zerstreuen, gründete die Stadt Krakau das Museum der Zweiten Republik, also der Zeit des Kalten Krieges und der kommunistischen Regierung nach dem Zweiten Weltkrieg. Spannende Zeiten also, deren Atmosphäre das Museum mit seinen originalen Ausstellungsstücken von damals gut wiedergibt.

Seit Anfang 1952 wurden unter den neu errichteten Gebäuden in Nowa Huta auch Luftschutzbunker erbaut. Zwischen 1943 und 1960 entstanden insgesamt an die 250 dieser Schutzräume, vor allem unter Wohnhäusern. Zusätzlich zu den zivilen Bunkern gab es die Spezialbunker. Unter dem Stefan-Żeromski-Krankenhaus befinden sich beispielsweise an die 500 Quadratmeter große Räumlichkeiten inklusive OP-Sälen, Dekontaminationsräumen und sehr viel medizinischer Ausrüstung. Zudem gab es die Kommandozentralen. Ihr Hauptquartier lag unter der Stahlfabrik und ist relativ unversehrt erhalten.

Heute, so schreibt das Museum auf seiner Homepage, zeige die Ausstellung für Besucher hauptsächlich »historische Kuriositäten«. Die Geschichte der Schutzräume unter Wohnungen und Schulen gefällt den Menschen. »Darüber vergessen sie jedoch, dass seit dem Einmarsch Russlands in die Ukraine und angesichts der Hilflosigkeit internationaler Institutionen die Gefahr eines ›neuen Kalten Krieges‹ wieder sehr real geworden ist.«

Adresse os. Szkolne 37, 31-978 Kraków | ÖPNV Tram 4, 15, 21, 22, Haltestelle Struga | Öffnungszeiten Di, Mi 10–17 Uhr nur mit Anmeldung, Sa, So 10–17 Uhr, Di freier Eintritt, www.muzeumkrakowa.pl | Tipp Wer sich nach dem Bunkerbesuch ein wenig klaustrophobisch fühlt, kann anschließend im nur zwei Minuten entfernten Grün der »Felder« Nowa Hutas (Łąki Nowohuckie) frische Luft schnappen.

5 Das ausgesetzte Baby

Das zweite Denkmal des Waweldrachens

Das Wahrzeichen der Stadt ist der Drache, der der Legende nach unter dem Burghügel Wawel lebte und so furchteinflößend war, dass der damalige König Krak beschloss, demjenigen Helden seine geliebte Tochter anzuvertrauen, der den Drachen tötete. Heute erschreckt er nicht einmal mehr Kinder, wenn er alle paar Minuten Feuer speit. Man könnte vermuten, er denkt dabei wütend an jenen König, aber vielleicht auch nur traurig und verzweifelt an seinen grausamen Tod durch eine Explosion.

Wem die Touristenmassen vor dem Denkmal zu groß sind, kann sein Pendant im Viertel Nowa Huta besuchen. Dieser Trip ähnelt dann schon eher der Suche nach einem sagenumwobenen Tier, denn es gilt, dieses überhaupt zu finden! Inmitten von Industriegebäuden und leeren, überwucherten Grundstücken steht eine kleine Version des Waweldrachen einsam auf einem Hügelchen. Längst nicht so furchteinflößend wie sein Verwandter unter der Burg, wirkt er wie das verlorene Drachenbaby, ausgestoßen nach dem Tod des Vaters, verlaufen in den Feldern vor Krakau. Irgendwann in der zweiten Hälfte des 20. Jahrhunderts entstanden Straßen und Plattenbauten um ihn herum, die Menschen hoben ihn auf einen Sockel, von wo aus er für immer nach seiner Mutter oder seinem Vater rufen wird. Unter ihm führt ein Tunnel zu seiner Höhle, höchstens noch begehbar durch Kinder, Hunde oder Ratten.

Vielleicht interpretieren wir seine Statue aber auch falsch. Vielleicht ruft er seiner Mutter zu, sie solle doch endlich mal aus der Stadt zu ihm kommen, raus aus dem Gewimmel und Lärm zu ihm in den ruhigen Vorort, wo sie so viele Schafe oder Unkraut (vielleicht sind sie ja nach dem Vorfall mit dem Schießpulver-gefüllten Schaf Vegetarier geworden) fressen kann, wie sie möchte. Und das, ohne ständig von Touristen belästigt zu werden, die nur darauf warten, dass man Feuer spuckt.

Adresse auf Höhe Kornela Makuszyńskiego 22, 31-752 Kraków | ÖPNV Bus 122, 138, 422, Haltestelle Makuszyńskiego | Tipp Ende Mai, Anfang Juni findet in Krakau die »Parada Smoków« (Drachenparade) statt. Riesige, bunte Drachen schweben dann die Weichsel entlang, begleitet von dramatischer Musik und sehr viel Feuerwerk.

6 Der Aussichtsballon

Mit dem Blick Zagajewskis

Wer die Möglichkeit hat, sollte Krakau auch einmal von oben betrachten, beispielsweise von diesem Aussichtsballon aus. Hier ist man für einen kurzen Moment weit weg von allem, dem Trubel, dem Alltag. Das hätte Adam Zagajewski, einem der bekanntesten Schriftsteller Krakaus und Polens, sicher gefallen. Doch zu seiner Zeit gab es den Ballon noch nicht, und so nahm er sich einen Stadtplan und schwebte allein mithilfe seiner Phantasie über die Stadt, entfloh der Geräuschkulisse seines Wohnblocks und träumte sich davon. Dank klassischer Musik gelang es dem Dichter, gleich einem Helikopter über den Dächern stillzustehen und sie zu betrachten. Das Stadtzentrum erinnerte ihn an ein Schlüsselloch. Den grünen Gürtel außen herum, die Planty, nannte er den »üppig grünen Pelz einer begüterten Zahnarztgattin«.

Von oben sah er all die Geheimnisse Krakaus, die einem gewöhnlichen Spaziergänger verborgen bleiben. Überall entdeckte er grüne Flecken, kleine Gärten mit ihren Obstbäumen. Ob er heute noch genauso viel Natur im Bild der Stadt finden würde? Helfen wir ihm vom Ballon aus suchen.

Krakau ist für Zagajewski sowohl schön als auch schrecklich. Das Schwere komme von der deutschen Architektur des Mittelalters, der jedoch durch die italienische Baukunst der Renaissance Flügel gewachsen seien. Durch die Gebäude und Kunstwerke der Renaissance erkannte der Dichter die eigentliche Schönheit der alten, schwer tragenden »Dame in mittleren Jahren«.

Zagajewski erinnerte sich an jene ersten Tage im Herbst 1963, als er zum Studium aus Gliwice hier ankam. Die Herbst- und vor allem Wintermonatsbilder in seinem Kopf sind voll von Kohle, Asche, Schmutz – Bilder, die Krakauer auch heute noch aus den kälteren Monaten kennen. Dann kann es schon mal passieren, dass nach einem Spaziergang die Hände grau sind, und Atemmasken tragen sie hier im Winter schon lange.

Adresse Balon widokowy, Ludwinowska, Bulwar Wołyński 2, 30-302 Kraków | **ÖPNV** Tram 18, 22, 52, Haltestelle Rondo Grunwaldzkie | **Öffnungszeiten** Mo–So 9–20 Uhr | **Tipp** Wem der Ballon zu hoch ist: Auch das Riesenrad daneben bringt Sie hinauf in luftige Höhen – aber auch schneller wieder zurück auf den Boden. Auf Polnisch heißt das Rad wortwörtlich übersetzt übrigens »teuflische Mühle«.

7 Der Baggersee

Sommer in der Stadt

Wenn Krakauer im Sommer in den Süden wollen, dann nicht unbedingt nach Italien oder Kroatien. Und wenn Krakauer segeln wollen, fahren sie nicht alle in die Masuren. Manche fahren einfach nur mit der Straßenbahn in Richtung Podgórze!

Keine 20 Minuten vom Hauptmarkt Rynek Główny entfernt, springen sie dann in sauberes, erfrischendes Wasser, spielen am Strand Volleyball oder drehen eine Runde mit dem Tretboot. Diesen Spaß finden Sie am See Bagry, einem künstlichen Wasserreservoir mit drei wilden Stränden und einem Badestrand mit Rettungsschwimmern. Hier können Sie sich in den Sand oder auf einen Liegestuhl legen, mit einem kühlen Getränk vom Kiosk entspannen und von hier aus gemütlich den Sportlern auf den Strandfußball- oder Volleyballfeldern zusehen. Oder natürlich selbst aktiv werden.

Für alle, die die Kombination Sport plus Wasser unwiderstehlich finden, ist ebenfalls gesorgt. Von Juni bis Ende September können am hiesigen Verleih unter anderem Kajaks, Segelboote, Bretter für Stand-up-Paddling, Kanus und sogar kleine Motorboote beziehungsweise Jachten ausgeliehen werden. Für die ganz Wilden gibt es eine Wakeboard-Anlage. Was will der Wassersport-Fan mehr? Das Phantastische an diesem Angebot ist ja nicht nur, dass der See sich innerhalb der Stadtgrenzen befindet – die auszuleihenden Geräte sind auch noch erschwinglich. Wakeboarden beispielsweise kostet pro Person und Stunde »nur« 40 Złoty, umgerechnet circa 10 Euro, für Jachten gilt Ähnliches.

Auch wenn dieser kleine See keinen Italienurlaub ersetzt, ist er freilich eine willkommene Erfrischung für die heißen Tage in der Stadt, wenn nichts anderes mehr erfrischt als ein Sprung ins kühle Nass. Wer noch nie Windsurfen ausprobiert hat, kann sich hier schon mal auf den Surfurlaub in südlicheren Gefilden vorbereiten. Ein Urlaub im Urlaub, wo und wann gibt's das schon mal?

Adresse Kozia 30, 30-733 Kraków | ÖPNV Tram 11, 20, Haltestelle Rzebika oder Bus 127, Haltestelle Bagry | Öffnungszeiten Ausleihe von Booten circa 10–18 Uhr | Tipp Der Bagry Ludwinowskie im Stadtteil Ludwinów diente den Einwohnern ebenfalls mal als wilder Badesee. Heute schwimmen darin vor allem Müll und leere Flaschen, die Stadt ließ den Teich verwuchern. Als spannendes Ausflugsziel in einem nicht-touristischen Gebiet funktioniert er aber allemal, und wer weiß, je mehr Aufmerksamkeit sich darauf richtet, desto höher wird ja die Motivation der Zuständigen, sich um das Fleckchen Grün zu kümmern?

8 Die Beksiński-Ausstellung

(Alb)traumhafte Kunst

Tod, Verderbnis, Skelette, Wüsten, Puppengesichter, bandagierte Körper. Was wie ein Gruselkabinett und der reinste Albtraum klingt, ist in Wirklichkeit eine Auswahl der Motive von Zdzisław Beksiński. Dieser gehört zu den wenigen polnischen Künstlern, die auch über die Grenzen des Landes hinweg bekannt sind. Seine Werke lassen niemanden gleichgültig. Mit unzähligen Details stellt er deformierte Körper, verlassene Gebäude und wundersame Gestalten dar, die gleichzeitig faszinieren und beängstigen. Der Besuch der Beksiński-Ausstellung in Nowa Hutas Zentrum der Kultur kann für die einen eine kulturelle Bereicherung darstellen, für die anderen einen Ausflug in eine Geisterbahn. Oder natürlich beides.

Beksiński wurde 1929 in Sanok geboren und studierte in Krakau Architektur. Sehr bald entdeckte er seine Liebe und sein Talent zur Bildhauerei und widmete sich nur noch seinem künstlerischen Schaffen. Er behauptete einmal, er wolle so malen, als würde er Träume fotografieren. Bleibt nur zu hoffen, dass sich seine Bilder nach dem Besuch dieser Ausstellung nicht in die eigenen Träume schleichen. Beksiński fühlte sich und seine Werke oft missverstanden, denn er selbst fand sie optimistisch und humorvoll. Er bestand darauf, keinerlei Interpretationen seiner Gemälde zuzulassen und gab aus diesem Grund keinem einen Titel. Sein Schaffen wird meistens in zwei Phasen eingeteilt: Die erste beinhaltet Werke von »utopischem Realismus« und surrealer Architektur, erfüllt von sehr viel Weltuntergangsstimmung in Schwarz und Grau. Die zweite Phase zeigt mehr Farbe, mehr Expressionismus, mehr Formalismus. Insgesamt zählt man ihn zu den dystopischen Realisten.

Sein Tod war brutal wie seine Werke: Er wurde 2005 in seinem Warschauer Appartement von einer 19-jährigen Zufallsbekanntschaft erstochen, angeblich deshalb, weil er ihr kein Geld leihen wollte.

Adresse Galeria Zdzisława Beksińskiego im Nowohuckie Centrum Kultury, Aleja Jana Pawła II 232, 31-913 Kraków | **ÖPNV** Tram 1, 10, 22, Haltestelle Plac Centralny Im. R. Reagana | **Öffnungszeiten** Di–Sa 11–19 Uhr, So 12–19 Uhr (gegebenenfalls Mo–So 8–22 Uhr) | **Tipp** Die beliebte Eisdiele »Lodowa Huta« befindet sich in der Nähe des Museums (Os. Centrum C9).

9 Der blaue Nyska

Der wohl älteste Foodtruck der Stadt

Es ist kalt draußen. Über den Straßen liegt sanfter Nebel, und nach all dem Tanzen haben wir so richtig Lust auf einen Gute-Nacht-Snack bekommen. Mit ein paar weiteren hungrigen Mäulern machen wir uns auf Richtung Hala Targowa, dorthin, wo sonntags der schöne, große Flohmarkt stattfindet. Zum Glück ist in der Krakauer Innenstadt nichts wirklich weit entfernt, und auch das angestrebte Ziel ist fußläufig erreichbar. Nachts stehen die Leute hier jedoch nicht vor einzelnen Ständen an – sie stehen Schlange vor dem wahrscheinlich ältesten »Foodtruck« Krakaus. Die Grillwurst aus dem blauen Nyska wird auf Bewertungsportalen im Internet teilweise gepriesen wie das grandioseste Sterne-Restaurant der Stadt. Die beste Grillwurst der Stadt! Eine absolute Legende! Der leckerste Mitternachtssnack für die Afterhour!

Beim Wurstrezept handelt es sich angeblich um ein streng gehütetes Geheimnis. Mehr als 40 Jahre schon servieren sie hier Essen, und die Art und Weise hat sich nie verändert. Die zwei Männer am Grill sollen eigentlich Taxifahrer gewesen sein, bevor sie sich dafür entschieden, ihr eigenes Geschäft zu eröffnen und »die beste Wurst« Krakaus anzubieten. Lange bevor Essen auf Rädern hip wurde, grillten die zwei Krakauer ihre Wurst auf Spießen vor ihrem Auto und verkauften sie dann in »kajzerki« (Kaisersemmeln). Der Bus selbst ist ein Relikt aus vergangener Zeit. Nysa war von 1958 bis 1994 ein polnischer Automobilhersteller aus der gleichnamigen Stadt im Westen Polens. Er war auf Kleinbusse und Transporter sowie Omnibusse spezialisiert und versorgte damit die Volksrepublik sowie andere Länder der Sowjetunion.

Netzbewertungen sagen: »Ein Stück ›echtes‹ Krakau.« Andere stellen fest: »Die Würste sind richtig gut, aber nach einer Party um drei Uhr nachts schmeckt eben auch alles.« Das passende Flair ist entscheidend, und das macht aus diesem Ort einfach ein Erlebnis.

Adresse Grzegórzecka 4, 33-332 Kraków | **ÖPNV** Tram 1, 19, 22, Haltestelle Hala Targowa | **Öffnungszeiten** Mo–Sa 20–3 Uhr | **Tipp** Wer nicht so auf Fleisch steht, der findet in der Starowiślna (zwei Straßen weiter) unter anderem den beliebten Imbiss »Vegab« (vegane Kebabs).

10 Die Brauerei Lubicz

Geschichte und Zukunft des Biers vereint

Das Bierbrauen ist in polnischen Gefilden seit dem 10. Jahrhundert bekannt. Die Benediktinerabtei in Tyniec betrieb seit Anfang des 12. Jahrhunderts eine eigene Brauerei und zwei Kneipen. Von den Klöstern aus verbreitete sich die Braukunst in die Städte, und schon bald hatte jede größere polnische Ortschaft, die auf sich hielt, mindestens eine Brauerei. Im 14. Jahrhundert waren es in Krakau schon 25. Das Bier wurde schnell zum beliebtesten alkoholischen Getränk und bekam ab dem 15. Jahrhundert nur durch den Wodka Konkurrenz.

Die Brauerei Lubicz ist nicht ganz so alt, aber eines der ältesten erhaltenen Brauereigebäude der Stadt. 1840 gründete sie der Schweizer Brauer Rudolf Jenny, wenige Jahre später wurden hier jährlich circa 850.000 Liter Bier produziert. Das Unternehmen brachte es zu voller Blüte gegen Ende des 19. Jahrhunderts, sein Bier galt als eines der besten in Galizien, sodass es 1889 sogar eines der ersten Kraftwerke Krakaus für die Beleuchtung der Gebäude und des Geländes eröffnete. Anfang des 20. Jahrhunderts kaufte der Besitzer der Okocim-Brauerei, Jan A. Götz-Okocimski, das Krakauer Unternehmen und erweiterte damit sein Bierreich. Im Zweiten Weltkrieg produzierte die Brauerei Leichtbier, Gemüse- und Obstkonserven für die deutschen Soldaten. Nach der Verstaatlichung in der Volksrepublik wurde sie zur »Staatsbrauerei in Krakau«. 1985 erhob man den Gebäudekomplex zum Denkmal, musste aber nur 15 Jahre später aus ökologischen und logistischen Gründen schließen. Der zuständige Provinzialdenkmalpfleger beschloss wiederum zehn Jahre später einen Umbau, welchen wir heute vor uns stehen sehen.

In der ehemaligen Mälzerei befindet sich nun das Brauereirestaurant Lubicz. Modernste Mikrobrauerei-Technologie aus München innerhalb historischer Gebäude macht den interessanten Zusatz zum schmackhaften Bier und Essen aus.

Adresse Lubicz 17J, 31-503 Kraków | ÖPNV Tram 2, 4, 10, 14, 20, 52, Haltestelle Lubicz | Öffnungszeiten Mo–Fr 9–19 Uhr, Tel. 0048/786 118 084 | Tipp Auf dem Brauereigelände kann man in modernen Apartments mit Platz für bis zu sechs Gäste übernachten. Eine andere beliebte »Mikrobrauerei« ist die Stara Zajezdnia in Kazimierz.

11 Das Braunbär-Denkmal

Ein tierisch guter Kamerad

Im Jordan-Park steht ein Bär, der eine ganz besondere Rolle im Zweiten Weltkrieg spielte. Es handelt sich um Braunbär Wojtek, der tierische Soldat in General Anders' Armee. Diese bestand aus polnischen, in Sibirien festgehaltenen Kriegsgefangenen und Zwangsarbeitern, die die Sowjetunion im Zuge des deutschen Angriffs 1941 freiließ. Im Iran erholten sich die Soldaten zunächst, bevor sie über den Irak, Syrien und Nordafrika nach Italien kamen, um dort an der Seite der Alliierten gegen das nationalsozialistische Deutschland zu kämpfen.

Die Soldaten hatten im Iran einem Jungen für ein paar Dosen Fleisch ein Bärenbaby abgekauft und es aufgepäppelt. Der Bär wurde ihnen daraufhin ein Kamerad, der sie in diesen entbehrungsreichen Zeiten aufmunterte und ihre traumatischen Erlebnisse für kurze Zeit vergessen ließ. Im Laufe der Reise lernte Wojtek das Soldatenleben lieben: Er saß mit am Lagerfeuer, trank gern Bier und war süchtig nach Zigaretten – die er im Ganzen verschluckte. Dem ausgewachsenen Tier, immerhin 1,82 Meter groß und 220 Kilogramm schwer, brachten die polnischen Soldaten bei, Kisten mit Mörsergranaten zu tragen. Ob und inwieweit der Bär am Ende in der Schlacht bei Monte Cassino mitkämpfte, bleibt legendenumrankt.

Nach Kriegsende war zunächst unklar, in welches Land der Bär gehörte: in den Iran, nach Polen oder nach Großbritannien? Letztlich entschieden sich seine Kameraden, ihn mit nach Schottland zu nehmen, wo ein großer Teil der Armee stationiert war. Im Zoo von Krakaus Partnerstadt Edinburgh lebte er bis zu seinem Tod 1964 und bekam dort sehr viel Aufmerksamkeit. Er war eine der Hauptattraktionen und wurde noch lange von ehemaligen Kameraden besucht. Wenn diese mit ihm Polnisch sprachen, setzte er sich angeblich hin und bettelte um Zigaretten. Die Geschichte des zahmen Wojtek bleibt legendär und eine der positiven Erzählungen des Zweiten Weltkriegs.

Adresse Aleja 3 Maja 11, 30-062 Kraków | **ÖPNV** Tram 6, 20, Haltestelle Park Jordana | **Tipp** Im »Organic Coffee and More« rechts vom Eingang bei der Tramhaltestelle lässt es sich in Liegestühlen mit selbst gemachtem Eis wunderbar entspannen und vom vielen Spazierengehen erholen.

12 Die bunte Treppe

Stufen der Weisheit

55 Stufen sind es, die der nach Erleuchtung Suchende erklimmen muss. Wenn es nur so einfach wäre. Doch die 55 Stufen können durchaus die Weisheit des Hinauf- oder Hinabsteigenden steigern, denn auf ihnen stehen erkenntnisreiche Sprüche berühmter und weiser Persönlichkeiten. Von den vielen Besuchern sind die Buchstaben und Farben mittlerweile verblasst, die Treppe war und ist ein beliebter Ort für Fotos. Viele nutzen sie auch, um über die Regenbogenfarben ihren Wunsch und ihre Offenheit für mehr Diversität und Toleranz auszudrücken – ein heikler Punkt hier.

Doch Polen wäre nicht Polen, wenn es nicht immer auch Menschen gebe, die sich gegen Angriffe wehren und gegen Ungleichheit aufstehen. Vor allem in den größeren Städten wie Warschau, aber auch in Krakau gehen Menschen zu Paraden. Sie gründen Initiativen, suchen und finden dank dem Internet Solidarität in der ganzen Welt. Mindestens einmal im Jahr gibt es auch hier in Krakau einen »Marsz Równości« (Marsch der Gleichberechtigung, dem CSD entsprechend), bei dem die Regenbogenfahnen zu Tausenden quer durch die Stadt wehen. Als sich 2019 manche Dörfer und Städte zu LGBTQ-freien Zonen erklärten, solidarisierten sich viele Länder rund um den Globus mit Polens queerer Community.

Wer nachts in einem »safe space« unterwegs sein möchte, findet beispielsweise im »Cacon Club«, im »LaF Club« in Kazimierz oder in der »Lindo Café & Bar« in der Nähe des Marktplatzes ein LGBTQ-freundliches Zuhause, oder auch im unabhängigen Kulturzentrum »Warsztat« in Podgórze. Anlaufstelle für Fragen, Hilfe und Austausch ist das »Dom EQ – Krakowskie Centrum Równości« oder beispielsweise die Gruppe »Queerowy Maj« auf Facebook. Dies sind nur einige ausgesuchte Beispiele für Orte, an denen sich Menschen für mehr Toleranz und Diversität in ihrer Stadt engagieren und die Krakau zu einem bunteren Ort machen.

Adresse Tatrzańska 5/7, 30-537 Kraków | **ÖPNV** Tram 6, 11, 13, 19, Haltestelle Korona | **Tipp** In der Nähe der bunten Treppe befindet sich das Geschäft »Polski Gry Planszowe« (Węgierska 7), wo man seine eigenen Brettspielideen in die Wirklichkeit umsetzen oder bereits bekannte Spiele auf Polnisch kaufen kann.

13 Das Buntglas-Museum

Nah an der Praxis

Krakau ist eine Stadt voller Kunst, Kultur und Kirchen. Letztere erstrahlen in vollem Glanz, wenn die Sonne durch ihre bunten Fenster scheint und in ihnen eine besonders magische Stimmung zaubert. Kunst aus und mit buntem Glas zu machen ist seit Jahrhunderten Tradition in Krakau. Die Werke ihrer Künstler befinden sich auch in privaten Häusern und Wohnungen der Altstadt.

Über 200 bunte Glasfenster, darunter Fenster auf dem Wawel und in der Franziskanerbasilika, stammen aus den Werkstätten des Ateliers, das gleichzeitig als Museum dient. Es sind die ältesten noch geöffneten Buntglas-Werkstätten ganz Polens, und sie befinden sich noch im selben Gebäude wie zu ihrer Errichtung im Jahre 1902. Das Museum informiert nicht nur rein theoretisch, es bleibt nah an der Praxis. Bei Führungen beobachten Besucher die Künstler und Handwerker bei der Erstellung ihrer Werke. Wie die Meister mit ihrem fragilen Material umgehen, so zärtlich, vorsichtig, geschickt und ohne zu zögern, zeigt ihre Liebe zu ihrer Kunst. Wie schwierig ihr Handwerk wirklich ist, merken wir in drei Stunden Workshop hier im Museum. Wäre es nicht vergebliche Liebesmüh', hätten wir auch den sechsstündigen Kurs auf zwei Tage verteilt gebucht. Am Ende bewundern wir die Glaskünstler umso mehr; und auch die bunten Fenster, an denen wir danach vorbeikommen, sehen wir jetzt mit anderen Augen.

Ein anderes, ebenfalls historisches Glasmuseum befindet sich seit 1931 in der Lipowa-Straße 3 in Zabłocie. Interessierte können hier im Zentrum für Glas und Keramik bei der Herstellung von Kunstwerken zusehen und selbst kreativ werden. Der Beruf des Glasbläsers hat eine lange Tradition und ist leider im Aussterben begriffen. Hier in den Werkstätten arbeiten die letzten Glasarbeiter Krakaus, junge Nachfolger dringend gesucht. Vielleicht entdecken Sie hier ja Ihre Liebe und Ihr Talent für dieses Kunsthandwerk?

Adresse Aleja Krasińskiego 23, 31-111 Krakow und Lipowa 3, 30-702 Kraków | **ÖPNV** Tram 6, 20, Haltestelle Muzeum Narodowe oder Tram 3, 19, 24, 69, Haltestelle Plac Bohaterów Getta | **Öffnungszeiten** Di–Sa 11.30–18 Uhr; Buchungen unter Tel. 0048/512937979, info@stainedglass.pl, www.muzeumwitrazu.pl/en beziehungsweise Mo–Fr 10–16 Uhr, http://www.lipowa3.pl/ | **Tipp** Eine Straße weiter, in der Retoryka 1, steht das »Haus unter dem singenden Frosch« vom Architekten Teodor Talowski, der von manchen auch der »polnische Gaudí« genannt wird. Der Platz wird im Rahmen der »Frauenstreiks« auch »Platz der Frauenrechte« genannt.

14 Das Café Kładka

Streetart von Mikołaj Rejs, dazu szarlotka mit Eis

Eines Tages war es einfach da und verzierte in all seinen Farben die graue Wand eines Wohnhauses in Kazimierz. Wenige Stunden später war es schon überall via Hashtag im Internet zu sehen. »Habt ihr schon gehört und gesehen, Rejs hat eine seiner künstlerischen Spuren hinterlassen!« Seine Pinsel und Dosen schaffen Geschichten, die nur der Betrachter selbst verstehen kann. Seine Streetart ist so filigran und leicht, als schwebten tatsächlich Feen und andere zauberhafte Wesen durch den Raum. Seine Wandgemälde erzählen von Königen und ihrem Reich, von abenteuerlicher Zukunft oder Außerirdischen unter Wasser – der Phantasie sind keine Grenzen gesetzt.

Der Künstler Mikołaj Rejs wird seit den 1990er Jahren international gefeiert, seine Werke sind nicht nur auf Krakauer Hauswänden oder in Cafés zu sehen, sondern auch in privaten Wohnungen, Museen, Einkaufscentern und Theatern unter anderem in Warschau, Tarnów, Lublin und Nürnberg ausgestellt. So schnell einige seiner Werke auftauchen, verschwinden manche auch wieder. Graffiti sind immer noch strafbar, und so mancher Hausbesitzer entfernt illegal über Nacht gesprayte Kunst sehr schnell ohne schlechtes Gewissen. Zum Glück hinterlässt Rejs seine Streetart-Gemälde meistens an verlassenen Industriekomplexen oder zerfallenen Häusern, wo die bunten Farbtupfer niemanden mehr stören.

Wer nicht nur die digitalen Zeugnisse von Mikołaj Rejs' Talent begutachten will, sollte einen Abstecher in das Café Kładka im Süden von Kazimierz unternehmen. Hier schmückt Rejs' verträumte, bunte Streetart die Innen- und Außenwände. Ohne Furcht vor deren raschem Verschwinden können Gäste seine Phantasiewelten betrachten und dabei eine schöne Tasse Tee mit warmem Apfelkuchen (»szarlotka«) und Vanilleeis genießen.

Beim nächsten Spaziergang heißt es also Augen auf – Mikołaj Rejs' Figuren schweben durch Krakau.

Adresse Mostowa 12, 31-061 Kraków-Kazimierz | ÖPNV Tram 6, 8, 10, 13, Haltestelle Plac Wolnica | Öffnungszeiten Mo–So 9–24 Uhr | Tipp Anschließend empfiehlt sich ein Spaziergang über den Holzsteg »Ojca Bernatka« nach Podgórze oder diesseits der Weichsel zurück ins Zentrum.

15 Callimachus' Grabmal

Der berühmte Lateinlehrer

In einer der ältesten Kirchen Krakaus, der Dreifaltigkeitskirche der Dominikaner, liegt ein nicht nur für den Humanismus Polens, sondern auch Europas wichtiger Mann. Im Altarraum der seit dem 13. Jahrhundert in Quellen erwähnten Basilika befindet sich das Epitaph von Filippo Buonaccorsi, besser bekannt als Callimachus. Der Entwurf stammt von Veit Stoß, dem berühmten Künstler des Flügelaltars in der Marienkirche.

Callimachus, in Italien ein prominenter Dichter und Politiker, kam im Jahre 1470 nach Krakau. Er wurde zu einem wichtigen Motor humanistischer Veränderungen. Allerdings war das Wort »Humanismus« den Krakauern auch vor seiner Ankunft nicht fremd, humanistische Werte setzten sich in Krakau fast zeitgleich wie in Wien durch. Die Universitäten beider Städte waren durch rege Beziehungen ihrer Studierenden und Lehrenden verbunden: Polnische Studierende waren schon seit Anfang des 15. Jahrhunderts an der Rudolfina eingeschrieben. Eine enge Freundschaft verband unter anderen die polnischen Astronomen Martinus Rex (Marcin Król) aus Żurawica und Marcin Bylica aus Olkusz mit ihren Wiener Kollegen Georg von Peuerbach und Johannes Regiomontanus. Conrad Celtis, ebenfalls einer der bekanntesten Humanisten, galt als stärkstes Bindeglied zwischen beiden Universitäten. Er kam auf seinen Reisen auch nach Krakau, wo er eine der ersten wissenschaftlichen Gesellschaften, die Sodalitas Vistulana, gründete.

Callimachus, der wie Celtis an der Jagiellonen-Universität immatrikuliert war, hielt als bereits erfolgreicher Schriftsteller, Lehrer und Politiker Vorlesungen in Studentenheimen. Seine Sternstunde war gekommen, als König Kazimierz ihn zum philologisch-humanistischen Erzieher seiner Söhne berief. Dadurch brachte er den Humanismus nicht nur zum künftigen König und seinen Brüdern, sondern auch zu Hofleuten sowie Repräsentanten des Krakauer Bürgertums.

Adresse Stolarska 12, 31-043 Kraków | **ÖPNV** Tram 1, 6, 8, 13, 18, Haltestelle Plac Wszystkich Świętych | **Öffnungszeiten** Mo–Sa 7.30–15.30 Uhr, So 10–20 Uhr | **Tipp** Übrigens wurde in Krakau im Jahr 1513 das erste Buch in polnischer Sprache gedruckt. Der Krakauer Humanismus übte einen nicht zu unterschätzenden Einfluss in Polen und ganz Europa aus. Neben der Dreifaltigkeitskirche befindet sich das Bücherantiquariat von Norbert Nowosielski, in dem Sie nicht nur alte Bücher, sondern auch Land- und Postkarten erwerben können.

16 Der Chopin-Konzertsaal

Nocturnes in historischem Gebäude

Polen ohne Chopin – undenkbar. Er ist einer der ganz großen Polen, die sich mit ihrer Musik für immer in das Goldene Buch des kulturellen Gedächtnisses eingeschrieben haben. Und auch wenn sein Herz in Warschau begraben, sein restlicher Körper in Paris und sein Geburtsort Żelazowa Wola ist – Chopin ist immer und überall. Pathetisch ausgedrückt steckt er ja auch in jedem Notenpunkt seiner Werke, oder? Jede Melodie ist ein Flüstern seiner Seele, jede Note ein immaterieller Erinnerungsort. Warum ihn also nicht auch in Krakau besuchen, wenn man schon mal hier ist? Sich einen schönen Abend in einem besonderen Ambiente gönnen, in dem die Werke Chopins (in Polen auch gern »Schoppen« ausgesprochen) ihre ganz eigene Wirkung entfalten.

Das aus dem 15. Jahrhundert stammende, von außen eher unauffällige Gebäude des Chopin-Konzertsaals befindet sich nördlich des Marktplatzes in Richtung des Stadtteils Kleparz und ist unter dem Namen »Dębinska« oder »Pod Beczka« bekannt. Im 16. Jahrhundert wurde es renoviert und gehörte ab jener Zeit dem Jäger Kaspar Dębiński, der für die königliche Familie auf dem Wawel arbeitete. Dessen Liebe zu seinem Beruf zeigt sich in den vielen Bildern von Waffen und sonstigen Jägerutensilien an den Wänden. Augenfällig im Haus ist auch die Treppe aus dem 19. Jahrhundert mit ihrer im Original erhalten gebliebenen Eisenverzierung der Balustrade. Die Mosaikböden tragen ebenfalls das Ihrige zum Flair dieses Gebäudes bei.

Jeden Tag finden im Konzertsaal Klavierkonzerte auf dem Yamaha-Flügel statt. Im Ticketpreis, und das steht fett gedruckt auf der Homepage, ist ein Glas Wein inbegriffen. Von den vielen Bildern an der Wand blickt Fryderyk als Denkmal oder Zeichnung auf seine Gäste. Als guter Gastgeber will er ihnen den Abend mit seiner seelenerhebenden Musik, den Räumlichkeiten und spätestens dem »wino« so unvergesslich wie möglich machen.

Adresse Sławkowska 14, 31-014 Kraków | **ÖPNV** Tram 2, 4, 8, 13, 14, 15, 18, 20, 24, Haltestelle Teatr Bagatela | **Öffnungszeiten** Konzertbeginn: 19.30 Uhr, www.cracowconcerts.com/de | **Tipp** Wer danach nach musikalischer Abwechslung strebt, dem sei das »Jazz Rock Café« in der Nachbarschaft empfohlen.

17_Das Clubcafé Szafé

Auf den Spuren von Jerzy Pilch

In vielen Filmen kommen ein, zwei Szenen vor, in denen die Protagonisten betrunken oder angeheitert sind. Ein Heidenspaß für das Publikum, denn das Verhalten eines alkoholisierten Menschen verspricht unerwartete, überraschende Momente. Aber ein ganzer Film über einen Alkoholiker? Ist nicht mehr ganz so heiter, eher düster und schwer. Wenn der Film aber von Regisseur Wojciech Smarzowski stammt und Robert Więkiewicz, einer der bekanntesten polnischen Schauspieler, den Hauptprotagonisten spielt, kommt ein sehenswertes Stück Kunst heraus.

Die Geschichte, der das autobiografische Buch von Jerzy Pilch zur Vorlage dient, handelt vom Schriftsteller Jerzy, einem chronischen Alkoholiker. Sie erzählt von seinem Kampf gegen die Sucht, den er abwechselnd in der Bar »Pod mocnym aniołem«, in seiner Wohnung, in einer psychiatrischen Anstalt oder im Planty führt. In der Klinik erzählen die anderen Patienten von ihrem Weg in die Alkoholsucht, was aufgrund der vielen Gewalt und den harten Lebensläufen teilweise schwer zu ertragen ist.

Die literarische Vorlage spielt in keiner bestimmten Stadt, doch für den Film dient Krakau mit seinen schmalen Gassen, alten Bars und Wohnungen als perfekte Kulisse. Im Planty, dem grünen Gürtel um die Altstadt, kann es auch durchaus passieren, dass sich der ein oder andere von einer feuchtfröhlichen Nacht auf einer der Bänke erholt und seinen Rausch ausschläft. Die Bar »Pod mocnym aniołem« ist in Wirklichkeit das »Café Szafé« im Stadtteil Nowy Świat, die Straßenecke ist immer wieder Szene des Films. Neben Jerzy Pilch waren auch andere Schriftstellergrößen des Öfteren im Szafé zu Gast, wie beispielsweise Etgar Keret oder Olga Tokarczuk. Das farbenfrohe Interieur verzückt das Auge, und die Vielfalt an diversen, interkulturellen Kunst-, Kultur- und Musikveranstaltungen erfreut das Herz jeden Besuchers dieses Kleinods.

Adresse Felicjanek 10, 31-104 Kraków | **ÖPNV** Tram 1, 2, Haltestelle Jubilat oder Filharmonia | **Öffnungszeiten** Mo–So 9–2 Uhr | **Tipp** Ein weiteres empfehlenswertes Café ist das »Massolit Books & Café«, in dem es unter anderem englischsprachige Literatur zu kaufen gibt.

18 Der Club Hush Live

Polnische Tanzkultur

In einer Seitenstraße vom Marktplatz öffnen sich abends die Türen zu einer anderen Welt. Schon von draußen hören die Gäste in der Warteschlange einen Mann diese lyrischen Zeilen singen: »Tanz, tanz, tanz, wenn die anderen tanzen; trink, trink, trink, Drinks mit Orangen.« Wenn das nicht das Motto des Abends sein soll. Meistens tanzen Frauen in diesen Liedern für ihre Verehrer – was sonst. Frauen sind die Objekte der Begierde, Männer die Eroberer. Vor allem in heutigen DiscoPolo-Songs. Die Texte sind einfach, doch das sind viele Poplieder auch in anderen Sprachen, und sie werden trotzdem (oder gerade deshalb?) zum Hit. Das Konzept geht auf: Die Musik ist eingängig, geht ins Blut wie der »wódka« und kann schnell mitgesungen werden. Das Erfolgsrezept jeder Volksmusik der Welt gilt auch für DiscoPolo.

Polen und DiscoPolo gehört einfach zusammen. Es handelt sich dabei um schnulzige bis erotische Texte, die besonders in Dorfdiskotheken oder auf Hochzeitsfeiern Anklang finden. Es ist die Musik von »Polen B«, des großen Anteils der ländlichen Bevölkerung, die nach der Wende und auch heute noch nicht vom Aufschwung profitierte. Das Standardtanzen, vor allem Disco Fox, wird hier noch großgeschrieben. Wer also mithalten will, sollte jegliche Grundkenntnisse aus den Tiefen des Bewegungsapparats hervorholen oder sich ganz seinem Tanzpartner oder der Tanzpartnerin ergeben – und ab geht's auf die Tanzfläche. Wer denkt, das sei doch altmodisch und für »alte Leute«, der lässt sich eine ganze Menge Spaß entgehen. Die Musik läuft nicht nur vom Band: Regelmäßig finden hier Live-Konzerte der Stars der Szene statt.

Am Ende des Abends gehen die Gäste mit den Worten von »Akcent«, der DiscoPolo-Band der 1990er, im Hinterkopf nach Hause: »Das Leben besteht aus Momenten, die flüchtig sind wie Schmetterlinge, die Uhr tickt, also genießt diese Momente, was soll die Uhr dagegen tun!«

Adresse Sławkowska 6, 31-014 Kraków | ÖPNV Tram 2, 4, 14, 18, 20, 24, Haltestelle Teatr Bagatela | Öffnungszeiten Fr und Sa 20–5 Uhr | Tipp Zwei Häuser weiter bei »Krowarzywa« gibt es vegane Burger.

19 Die Cricoteka

Tadeusz Kantors Vermächtnis

Das Dokumentationszentrum »Cricoteka« für Tadeusz Kantors Kunst wurde 1980 vom Künstler selbst gegründet. Jahrelang fungierte es als ein lebendiges Archiv für seine Theaterkreationen, zu dem er zu Lebzeiten fleißig beisteuerte. Die Sammlung beinhaltet heute einige hundert Objekte und Kostüme, seine Aufzeichnungen, Videoaufnahmen sowie unzählige Stimmen der Rezeption. Das neue Zuhause der »Cricoteka« öffnete 2014 und ist die erste nur einem einzigen Künstler gewidmete Institution Polens.

Tadeusz Kantor war Avantgardist, Maler, Kunsttheoretiker, Bühnendesigner, Theaterreformer und – kurz gesagt – einer der renommiertesten Künstler Polens. Er wurde mal der »beste Künstler der Welt unter polnischen Künstlern und der polnischste unter den Künstlern der Welt« genannt.

Was macht das Phänomen Kantor aus? Ein Besuch der »Cricoteka« wirft Licht ins mystische Dunkel. Eines der berühmtesten Stücke Kantors ist »Umarła Klasa« (Die tote Klasse) aus dem Jahr 1975. Darin illustriert Kantor Mechanismen des Gedächtnisses wie Sequenzen unechter Bilder, Erinnerungsfetzen, wiederkehrende Szenen, absurde Situationen – jeder kennt das vom eigenen Gedächtnis. Kantor zeigte mit diesem Stück: Menschen bestehen aus Bildern und funktionieren nicht ohne Form.

Seine Kunst ist ein Beispiel für den Dialog mit der Vergangenheit; sie ist ein Versuch, an nationale Traditionen anzuschließen und gleichzeitig die immer wieder gestellten Fragen des Lebens zu beantworten. Kantor glaubte fest daran, dass Kunst ein Weg war, die Wahrheit zu suchen. Kunst war seine Art der Meditation über den Sinn des Lebens. Eines seiner Mottos lautete: »Ich will, dass sie sehen und weinen.« Und irgendwie schaffte er es überall auf der Welt, seine Zuschauer emotional zu fesseln. Ob man polnische Kultur und Sprache kennt oder nicht – Kantors Stücke hypnotisieren.

Adresse Nadwiślańska 2–4, 30-527 Kraków | **ÖPNV** Tram 3, 19, 24, Haltestelle Plac Bohaterow | **Öffnungszeiten** Di–So 11–19 Uhr, www.cricoteka.pl/pl/en | **Tipp** Die »Cricoteka« bietet eine Mappe mit Lebens- und Arbeitsstationen Kantors an, ein schöner Rundgang durch die Stadt, und in der Sienna 7/5 befindet sich eine Galerie mit Kantors Gemälden.

20 Die Cukiernia Cichowscy

Zucker und Schnaps

Die »Cukiernia Cichowscy« ist eine der ältesten Konditoreien der Stadt. In ihr kann nicht nur genascht, sondern auch Kaffee getrunken werden. Doch das war nicht immer so. Bevor die Krakauer begannen, sich in Cafés zu treffen, waren Konditoreien der Ort des Sehens und Gesehen-Werdens – auch wegen des Alkohols, der in ihnen verkauft wurde.

Bis ins 18. Jahrhundert war es Sache der Bäckereien, süßes Gebäck zu produzieren. Dann entstand eine Konditorengilde, deren Aufgabe allein es ab sofort war, Kuchen, Torten, Pasteten und alle anderen süßen Leckereien herzustellen. Das geforderte Niveau eines Konditorlehrlings kann daran abgelesen werden, was diese als Gesellenstück vorbereiten mussten: die Marienkirche aus Zucker zum Beispiel. Es gab in einer »cukiernia« damals aber nicht nur allerlei Zuckergebäck, sondern auch alkoholische Getränke zu kaufen. Diese benannten die Konditoren oft nach ihren Dauergästen. Mancher Krakauer behauptete sogar, die Qualität des Schnaps würde auch über den Erfolg der jeweiligen Konditorei bestimmen. Die bekanntesten und beliebtesten »cukiernie« der Stadt waren das »Redolfi«, »Cypcer«, »Taroni«, »Lardi« und »Wassali«. Ein Einkauf in diesen Konditoreien war prestigeträchtig, aber so teuer, dass manche Gäste, sogar aristokratische, nur nach leeren Schachteln fragten, diese dann aber in viel billigeren Konditoreien auffüllen ließen.

Infolge eines Beschlusses von 1851 durch die österreichischen Behörden mussten die »öffentlichen Lokale« an Feiertagen, also auch an Sonntagen, schließen. Grund dafür waren die nächtlichen Ruhestörungen in der Umgebung der Konditoreien. Dieses Dekret half der Entwicklung der Cafés. Manche Konditoreien passten sich dem Trend an und erweiterten ihr Geschäftsmodell. Andere, wie »Maurizio« (der Nachfolger »Redolfis«), weigerten sich bis an ihr Lebensende, die Tradition der Konditorei zu »verraten« und Kaffee zu verkaufen.

Adresse Starowiślna 21, 31-038 Kraków | ÖPNV Tram 2, 3, 24, 52, Haltestelle Starowiślna | Öffnungszeiten Konditorei: Mo–Fr 8.30–18 Uhr, Sa 8.30–14 Uhr; Café: Mo–Fr 9–18, Sa 9–14 Uhr | Tipp Wer die Möglichkeit hat, sollte unbedingt einen warmen Krapfen mit Rosenmarmelade (»pączek z różą«) probieren. Nebenan befindet sich der Laden »KOKOworld«, der in Krakau designte und fair produzierte Mode verkauft.

21 Czesław Miłosz' Wohnung

Wo er seine Sommer und seinen Lebensabend verbrachte

Czesław Miłosz, einer der großen polnischen Dichter des 20. Jahrhunderts, war schon vor dem Zweiten Weltkrieg bei seinen Besuchen in Krakau angetan von der Schönheit der Stadt. 1945 zog er von Warschau nach Krakau, aus den Ruinen der Hauptstadt dorthin, wo dank Hans Franks Wohnsitz auf dem Wawel kaum ein Stein beschädigt wurde. Zunächst fand er mit seiner Frau Unterschlupf im Haus der Schriftsteller in der Krupnicza 22 (siehe Ort 64).

Miłosz schätzte Krakau als Universitätsstadt, deren Größe er als angenehm empfand, weil sie ihn an Vilnius erinnerte, wo er zum Teil aufgewachsen war. Er mochte es, jeden Tag dieselben Straßen entlangzugehen, wo an jeder Ecke Musik, Literatur, Wissenschaft, alte Steine, Architektur zu sehen war – im Gegensatz zu jenen Städten, in denen zehn Kilometer lang nichts »passierte«. Dabei dachte er wohl an amerikanische Städte, wohin er 1951 als Diplomat emigrierte und 30 Jahre lang blieb. Schon 1989, als er die Ehrendoktorwürde der Jagiellonen-Universität erhielt, soll er nach einer Wohnung gefragt haben, doch es dauerte noch fast zehn Jahre, bis er sich endgültig in Krakau niederließ. In seiner Wohnung in der Bogusławskiego 6 im ersten Stock verbrachte er seine Sommer und schließlich auch die letzten Jahre seines Lebens. Er verstarb dort am 14. August 2004. Sein Grab befindet sich in der »Skałka« genannten Paulinerbasilika.

In einigen von Miłosz' Werken findet sich Krakau wieder, beispielsweise in »*Powrót do Krakowa w roku 1880*« (1984), in dem er »die kleine Stadt mit den Gräbern von Königen«, also den Wawel, beschreibt. In »W Krakowie« von 2001 schreibt er, dass er erst hier einige Bräuche seiner »Schwestern und Brüder« verstanden habe. Für Miłosz war Krakau mehr spirituelles als funktionales Zuhause, mit mehr Subtext als andere Städte, und diese Magie überträgt sich auch auf die besondere Atmosphäre seiner Gedichte.

Adresse Wojciecha Bogusławskiego 6, 33-332 Kraków | ÖPNV fußläufig vom Marktplatz erreichbar, oder Tram 3, 21, 52, Haltestelle Starowiślna | Öffnungszeiten nur von außen zu besichtigen | Tipp Wer ungefähr erahnen möchte, wie es sich anfühlte, in dieser grünen, ruhigen Straße zu wohnen, findet rund um Miłosz' Haus genügend Unterkünfte. Bald soll aus seiner Wohnung außerdem ein Museum werden.

22 Der Designerladen

Hippe Klamotten und Accessoires aus Polen

Auf der anderen Seite der Weichsel, in Podgórze, befindet sich einer der vier analogen Läden der Marke »Pan Tu Nie Stał«. Die »Geburtsstadt« der Marke ist Łódź, wo die zwei Gründer herkommen und wo fast das gesamte Sortiment produziert wird. Inspiriert wurden Justyna und Maciek von den ersten visuellen Reizen, mit denen sie aufwuchsen und die sich in allen Gegenständen, der Kleidung und den Lebensmitteln widerspiegelten. Zu Hause sammelten sie Plakate, Titelseiten, Verpackungen und Etiketten aus den 1960er bis 1980er Jahren und veröffentlichten Fotos davon auf ihrem Blog, den sie 2006 gründeten.

Der Verkauf eigener Waren begann zunächst als Hobby mit selbst bedruckten T-Shirts. Die Wahl des Markennamens fiel nach einer Umfrage im privaten Kreis – »Pan Tu Nie Stał« erschien ihnen eingängig und genau die richtige Mischung aus frech und unverfroren. »Hallo? Entschuldigen Sie, aber Sie standen hier nicht!« Das ist übersetzt der Name dieser besonderen polnischen Marke. Klingt komisch? War aber für viele Polen, die in der Zweiten Volksrepublik aufwuchsen und in der Schlange vor Geschäften stehen mussten, Alltag.

Welche Worte stehen auf den T-Shirts, Tassen, Mützen und Pullis? Vergessene, altmodische Wendungen, Begriffe, die nicht mehr verwendet werden, Wörter und Symbole aus alten Werbeanzeigen, die zumeist noch kreativer mit der polnischen Sprache umgingen und nicht nur Superlative verwendeten. Den besonderen Humor, den das Label in seine Designs einfließen lässt, verstehen vielleicht nur Muttersprachler und Polonisten. Das außergewöhnliche Design und vor allem die qualitativ hochwertigen, lokal produzierten und nachhaltigen Produkte versteht aber jeder. Der Großteil der Kunden bei »Pan Tu Nie Stał« ist in den Zwanzigern und Dreißigern, doch bleibt es, wie der Slogan schon sagt, eine Marke für alle: »Dla Zdrowych i Chorych« – für Gesunde und Kranke.

Adresse Pan Tu Nie Stał, Nadwiślańska 9, 30-527 Kraków | **ÖPNV** Tram 3, 19, 24, Haltestelle Plac Bohaterów Getta | **Öffnungszeiten** Mo–Sa 11–19 Uhr, So 11–17 Uhr | **Tipp** Mehr polnisches Design in Form von Möbeln, Geschirr und Innendesign finden Sie nebenan im Geschäft »Rzeczy Same«.

23 Ding Dong Dumb

Kommentar zu einer komplexen Beziehung

Die gelbe Glocke fällt schon von Weitem ins Auge. Bei näherer Betrachtung fungiert sie gleichzeitig als Megafon, das von einer Hand gehalten wird und in das von oben her ein riesiger Mund spricht. Die weiße Masse unterhalb der Glocke offenbart sich als viele kleine Menschenköpfe, die mit offenen Mündern und leeren Augen gebannt nach oben starren. Lauschen sie den Worten aus dem Megafon? Warten sie auf den Aufprall des Schwengels an der Innenseite der Glocke? Unheimlich, wie stumpf und leer sie alle aussehen, in ihrem Ausdruck so gleich. In eins der Gesichter hat jemand mit schwarzer Farbe »Never follow« geschrieben. Ob es der italienische Künstler Blu selbst war oder nicht – es passt gut zum Thema seines Gemäldes »Ding Dong Dumb«: die Beziehung zwischen der polnischen Gesellschaft und der katholischen Kirche, die eine sehr spezielle ist.

Der Grund, warum Politik und Kirche in Polen heute so schwer getrennt werden können, liegt in der Zeit nach dem Zweiten Weltkrieg begründet. Unter dem kommunistischen Regime galt die Kirche vielen als Symbol des Widerstands, der Freiheit und als Zeichen der Hoffnung auf eine bessere Zukunft, das die Erinnerung an eine polnische Identität aufrechterhielt. Durch ihre Einflussnahme wurde sie von der kommunistischen Regierung als politischer Akteur gesehen und behandelt – eine Rolle, die sie bis heute nicht mehr ablegen will.

Für viele Polen ist ihre katholische und ihre nationale Identität nur zusammen denkbar. Führende Politiker setzten Attacken auf die Kirche schon mit Attacken gegen ganz Polen gleich. Viele Menschen stört die politische Einflussnahme der Kirche aber mittlerweile. Zwar sind über 90 Prozent der Polen katholisch getauft, doch die Zahl der regelmäßigen Kirchgänger ist auch hierzulande rückläufig. Nicht nur junge Menschen bleiben diesen immer öfter fern, sondern auch jene, denen »ihre« Kirche zu national und zu illiberal geworden ist.

Adresse Piwna 3a, 33-332 Kraków | **ÖPNV** Tram 3, 19, 24, Haltestelle Plac Bohaterów Getta | **Tipp** Um die Ecke in der Krakusa finden Sie weitere Streetart wie »Maya's Mural« und »Lem's Robot«.

24 Die Dörfer der Welt

Eine Reise um die Welt

Die Welt ist ein Dorf. Diesen Spruch hat wohl schon jedes Kind gehört, und als Kind mag er einem noch etwas seltsam erscheinen. Wie groß ist da noch die Welt? Je älter wir werden, desto kleiner wird sie. Plötzlich können wir Entfernungen in Zeit und Raum abschätzen, zumindest in vom Menschen eingeteilten Parametern. Verschiedene Länder und ihre Kulturen kennenzulernen ist dann eine Sache von mehreren Jahresurlauben, wenn überhaupt. Wie gut, dass es Einrichtungen wie diese hier gibt.

Gerade in Zeiten, in denen Verreisen nicht möglich ist, sei es wegen einer globalen Pandemie oder weil das Budget gerade nicht für eine Reise um die Welt reicht, bietet dieser Park eine nette Abwechslung für Familien. Auf rund drei grünen Hektar mitten in der Stadt stehen eine »afrikanische« Hütte, ein papuanisches Stelzenhaus, eine mongolische Jurte, ein Iglu, Tipis nordamerikanischer Ureinwohner und peruanische Hütten.

Der Park bietet vor allem für Kinder ein interaktives Sightseeing-Programm und zusätzlich eine Vielzahl an Workshops, in denen sie fremde Kulturen kennenlernen. Ziel des Parks ist es, Wissen zu vermehren und gleichzeitig das Bewusstsein für kulturelle Diversität und globale Probleme wie Armut, Missachtung von Menschenrechten, Migration und den fehlenden Zugang zu Bildung zu erhöhen. Neben künstlerischen, erzieherischen und handwerklichen Workshops finden hier auch Fotoausstellungen und Filmvorführungen statt. Ohne diese Veranstaltungen und Angebote wirkt der Park sehr weitflächig und geradezu leer. Was natürlich durchaus der Lage da draußen in der »echten« Welt entspricht – sehr viele Flächen sind leer, unbebaut und weit und breit keine Menschen. Was wir hier auch lernen: So verschieden sind wir alle nicht. Denn das, was Menschen rund um den Globus wollen, ist vor allem: satt sein, in Frieden und Sicherheit leben, seine Familie und Freunde um sich haben.

Adresse Tyniecka 39, 30-323 Kraków | **ÖPNV** Bus 112, 162, Haltestelle Zielinskiego | **Öffnungszeiten** April–Okt. Mo–Fr 9–16 Uhr, Sa–So 13–18 Uhr | **Tipp** Ein weiterer Ort, der Spiel und Spaß für die ganze Familie verspricht, ist der » Energylandia Vergnügungspark« in Zator, eine Autostunde von Krakau entfernt.

25 Der Drwinka-Park

Das grüne Fleckchen mit dem Flüsschen

Inmitten von neuen Blocksiedlungen im Südosten Krakaus fließt ein romantischer kleiner Bach. Die Krakauer nennen dieses grüne Fleckchen Erde »Park Rzeczny«, Flusspark. Diese Bezeichnung passt angesichts der Länge genau, das Wort »Fluss« allerdings weniger. Je nach Wetter und Jahreszeit handelt es sich eher um ein Gerinnsel oder Bächlein. Der Name »Drwinka« bedeutet auf Deutsch »kleiner Spott«. Er ist die Verniedlichung von Spott: ein »Spöttchen« über das Flüsschen.

An manchen Stellen dieses Parks kommt der Gedanke auf: Bin ich hier noch in Krakau oder schon in einer Gebirgslandschaft? Manchmal blitzt es grau hinter den Büschen und Bäumen hervor, so als ob uns Krakau dann doch daran erinnern will, dass wir uns noch in einer Großstadt befinden. Einer zauberhaften ohne Zweifel, betrachten wir diese grünen, unberührt wirkenden Ecken. Jeder Jahreszeit wohnt ihr eigener Zauber inne. Wenn der Dunst über dem Bach schwebt, wirkt die Drwinka ganz verwunschen. Schneebedeckt entsteht eine wunderschöne, malerische Winterlandschaft, während der Park im Sommer sein Wasser als Erfrischung und die Bäume schützenden Schatten anbieten. Egal, welche Jahreszeit Sie bevorzugen – immer ist dieser Park ein Augenschmaus und die Anfahrt aus der Innenstadt wert.

Bewohner erzählen im Internet über »ihren« Drwinka-Park Geschichten und teilen besondere Erinnerungen. Anekdoten von »damals«, als eines Nachmittags eine Kuh an jenem noch nicht mit Sträuchern bewachsenen Hang weidete, ungefähr dort, wo heute ein riesiger Ameisenhügel steht, zwischen Bochenka- und Szpakowa-Straße.

Folgt man dem Bach in Richtung Norden, gelangt man in den Anna-und-Erazm-Jerzmanowski-Park in Prokocim. Hier schlängelt sich der Bach am unteren Rand entlang. Der Besuch des Palasts der Namensgeber kann als Anfangs- oder Endpunkt dieser kleinen Wanderung dienen.

Adresse Park Rzeczny Drwinka, Kraków-Prokocim | **ÖPNV** Tram 6, 24, 50, Haltestelle Piaski Nowe | **Tipp** Im ehemaligen Elektrizitäts-Gebäude des Palasts befindet sich eine wunderbare Keramikwerkstatt namens »Projectorium« inklusive Café (Górników 25, 30-816 Kraków).

26 Die Ecke der Huldigungen

Wo die »Preußische Huldigung« stattfand

Nur wahre Kenner der Geschichte wissen: Diese unscheinbare Ecke zwischen den Tuchhallen (Sukiennice) und der Bracka-Straße heißt »Golda« oder »Na Goldzie«. Der Name stammt aus dem Altpolnischen und ist ein Ausdruck für den Ort, an dem Huldigungen des Königs stattfinden (von »hołd« = Huld). Auf einer »Theatrum« genannten, nach der Krönung errichteten Holztribüne vergab der König Lehen und Würdigungen. Eine dieser Zeremonien ging in die polnische Geschichte ein, für immer und ewig festgehalten durch den Historienmaler Jan Matejko: die Preußische Huldigung. Sie stellt einen Höhepunkt, aber auch den Anfang vom Ende des glorreichen Reiches Polen-Litauen dar. Der Verlauf der polnischen und preußischen Geschichte erklärt, warum diese Huldigung in Polen ein so gefeierter Moment ist.

Sowohl auf dem Gemälde als auch in echt kniete der Herzog von Preußen Albert von Hohenzollern am 10. April 1525 vor dem polnischen König Sigismund I. dem Alten. Albert verwirklichte den zuvor geschlossenen Vertrag von Krakau, indem er dem polnischen König in einem feierlichen Akt die Treue schwor. Dieser wiederum gewährte ihm dafür offiziell Verzeihung und übertrug ihm in einem Fahnenlehen das weltliche Herzogtum Preußen. Endlich winkte durch dieses Prozedere nach jahrhundertelangen Auseinandersetzungen zwischen dem polnischen Königreich und dem Deutschordensstaat der lang ersehnte Frieden. Im Zuge des Vertrags wurde aus Letzterem das säkulare Herzogtum Preußen.

Manche Historiker geben dem Vertrag von Krakau die Schuld für die Teilungen und all das darauffolgende Leid Polens. Matejko sah dies offensichtlich ebenso: Der Hofnarr Stańczyk (siehe Ort 94), den er auf dem Gemälde mit seinen eigenen Gesichtszügen darstellte, blickt skeptisch, gar sorgenvoll auf das Geschehen. Er wusste, was auf die Huldigung folgte – das Bild entstand im Jahr 1882.

Adresse zwischen Tuchhallen und Ulica Bracka, 31-005 Kraków | ÖPNV Tram 1, 6, 8, 13, 18, Haltestelle Plac Wszystkich Świętych | Tipp Im Club »B4« in der Bracka-Straße finden jede Woche Tanzabende mit lateinamerikanischer Musik statt sowie Abende mit Pub-Quiz oder Speed-Dating.

27 Die Ecke der Schotten

Von den Schotten in Krakau

Ungefähr hier, zwischen der Szczepańska- und der Świętego-Jana-Straße, auf dem sogenannten Hühnermarkt (Kurzy Rynek), stand ab dem Jahr 1580 das Ehepaar John und Anna Alant und verkaufte seine Eisenwaren. Sie gehörten zu jener Gruppe von Schotten, die ein Jahrhundert zuvor nach Polen eingewandert waren. Der Ort muss aufgrund der lückenhaften Quellenlage so ungenau bleiben. Wenige Ortschaften und Namen in Polen erinnern noch an den zeitweiligen Austausch. Um mehr zu erfahren, muss man tief im kulturellen Gedächtnis graben.

Eine der wichtigsten Figuren schottischer Geschichte, Bonnie Prince Charlie, war halb polnischer Herkunft. Seine Mutter war die Enkelin des polnischen Königs Jan III. Sobieski. Doch nicht nur diese königliche Blutsverwandtschaft verbindet Schottland mit Polen. Hier im Vielvölkerstaat durften die Schotten Handel treiben und ihre Religion frei ausüben. Schätzungsweise lebten bis zum 17. Jahrhundert bis zu 30.000 Schotten in Polen. Krakau war eine der Hauptstädte, in denen sie sich niederließen. Die schottische Gemeinde war 1576 sogar so groß, dass König Stefan Batory ihnen einen eigenen Stadtteil zuwies. Unter seiner Regentschaft war es den schottischen Zugezogenen möglich aufzusteigen. Einer von ihnen, Alexander Chalmers (auf Polnisch: Alexander Czamer), wurde sogar viermal hintereinander zwischen 1691 und 1702 zum Bürgermeister Warschaus gewählt.

Jahrhunderte später fand ein umgekehrter Austausch statt: Nach dem Überfall Nazideutschlands auf Polen war die polnische Armee gezwungen, umzusiedeln. Nach einer Vereinbarung der Exilregierung waren von 1940 bis 1944 über 38.000 polnische Soldaten in Schottland stationiert. Viele blieben nach Ende des Kriegs, die Universität von Edinburgh hat es ihnen sogar ermöglicht, ihre vor dem Krieg begonnenen Studien fortzuführen. Edinburgh ist seit 1995 Partnerstadt Krakaus.

Adresse Rynek Główny 38, 33-332 Kraków | ÖPNV Tram 2, 4, 14, 18, 20, 24, Haltestelle Teatr Bagatela | Tipp An dieser Ecke des Marktplatzes steht der Brunnen, an dem sich am 21. März 1980 der 76-jährige Bäcker und ehemalige Soldat der Heimatarmee Walenty Badylak selbst anzündete. Er protestierte mit diesem Selbstmord gegen die Lügen, die von der kommunistischen Regierung über »Katyń« erzählt wurden. Nach deren Geschichtsnarrativ waren es nicht sowjetische, sondern deutsche Soldaten, die die 22.000 polnischen Offiziere im Katyner Wald ermordet hatten.

28 Das ehemalige Militärkasino

Spiel und Spaß der Soldaten

Ende des 19. Jahrhunderts bereitete sich die österreichische Armee darauf vor, den Wawel, in dem die Soldaten und ihre Kommandeure bisher gewohnt hatten, zu verlassen, und benötigte daher neue Gebäude. So entstand zwischen 1889 und 1890 eine prächtige Neorenaissance-Villa direkt am Krakauer Planty-Ring. Erbaut wurde sie von Karol Knaus nach dem Entwurf von Tomasz Pryliński als Kasino für Garnisonsoffiziere der Krakauer Festung. Diese beiden Männer waren es auch, die die Tuchhallen renoviert hatten.

Im ersten Stock befanden sich ein Ballsaal und ein Theaterraum, außerdem eine Bibliothek und ein Billardraum. Im Erdgeschoss gab es ein Buffet und ein Esszimmer, die durch Aufzüge mit der Küche im Keller verbunden waren, sowie private Räume des Offiziers und des Ordners.

1911 wurde das Gebäude umgebaut, was in direktem Zusammenhang mit der Änderung des Stadtkonzepts stand – Krakau wuchs und benötigte dringend neue Straßen. Der Garten rund um das Kasino wurde entfernt und die Fassade des Gebäudes für die neue Straße geändert. Das preisgekrönte Konzept des Umbaus entwickelte der österreichische Architekt Maksymilian Hoffman. Unter anderem baute er ein neues, verglastes Traufdach mit reichhaltigen Jugendstil-Ornamenten, den Rest der Fassade ließ er ohne größere Veränderungen. Hoffman erweiterte das Haus um ein Stockwerk und ersetzte Holzdecken durch Stahlbeton sowie Dekorationen aus der Neorenaissance durch Jugendstil.

Das ehemalige Militärkasino änderte mehrmals seinen Namen, seit 2014 ist es als »Club der 6. Luftlandebrigade« bekannt. Seit über hundert Jahren dient das Gebäude der Militärgemeinschaft kontinuierlich als Treffpunkt, Gesprächs-, Kultur- und Unterhaltungsort.

Adresse Mikołaja Zyblikiewicza 1, 31-029 Kraków | **ÖPNV** Tram 1, 2, 3, 10, 15, 20, 24, 52, Haltestelle Poczta Główna | **Öffnungszeiten** Restaurant: Mo–So 10–22 Uhr, www.restauracjaavangarda.pl | **Tipp** Apropos spielen – wer auf Schach steht, der findet in Podgórze in der Świętego Benedykta 3 das »Atelier Benekczy«, in dem man sich sogar sein eigenes Set aus Holz bestellen kann.

29 Das Elvis-Presley-Denkmal

Der gruselige Kopf des King

Im Jahr 1960 stellt einer der berühmtesten Sänger der Welt seinem Publikum die Frage: »Muss i denn zum Städtele hinaus?« Wenn wir eins seiner wohl ungewöhnlichsten Denkmale finden wollen, müssen wir nicht weit fahren: Die Allee zu seinem Gedenkfelsen ist mit Fahrrad, Tram oder Bus höchstens 15 Minuten vom Wawel entfernt. Dass wir dem King of Rock'n'Roll – oder zumindest dessen Kopf – so nah kommen können, verdanken wir dem Krakauer Elvis-Presley-Fanclub. Dieser setzte neben der Errichtung eines Denkmals auch die Umbenennung einer Straße nach seinem Idol durch.

Hat man den »Felsen« einmal gefunden, kann man sich über dieses seltene Kleinod an Steinmetzkunst freuen. Seit 2007 blickt ein in Silikon ertrinkender Elvis-Kopf aus dem Fels heraus. Er ist nach unten geneigt, als trüge er all die Last der Welt. Wie der echte King sah er in den Anfängen noch frisch poliert im Einklang mit dem ihn umgebenden, goldenen Stein aus.

Heute allerdings trieft sein Haar vom Dreck der Stadt, vielleicht auch von den unzähligen Berührungen seiner Fans. Oder hat ihm jemand die Haare mit Schuhcreme schwarz gefärbt? Schwer von der Pomade, sinkt der Kopf noch tiefer, der Blick wirkt gar genervt von den obligatorischen Plastikblumen zu seinen nicht vorhandenen Füßen.

Kinder und zarte Gemüter sollten besser schnell weitergehen oder bei Tageslicht vorbeikommen und sich dann an der schönen Natur erfreuen, die hinter dem Denkmal beginnt. Die Statue ist Anfangs- oder Endpunkt eines Spaziergangs durch den schönen Twardowskiego-Park, in dessen Mitte der See Zakrzówek liegt.

Die wunderbare Natur außen herum gleicht die fehlende Ästhetik sowie den Gruselfaktor des Denkmals aus. Mit dem Wissen um den Kopf des Kings gewinnt Krakau als »Stadt der Könige« noch einmal einen ganz neuen Beigeschmack.

Adresse Jana Pietrusińskiego, 30-321 Kraków | ÖPNV Tram 52, Haltestelle Kapelańka oder Bus 101, 112, 162, 219, Haltestelle Zielińskiego | Tipp Wer den Zakrzówek-See nicht nur von oben sehen will, kann das kristallklare Wasser über das Tauchzentrum »Kraken« auch von unten bewundern.

30 Die ersten Mädchenschulen

Bildung für alle!

Nicht weit vom großen Marktplatz entfernt befindet sich das eindrucksvolle Gebäude der ersten weiterführenden Mädchenschule in Galizien. 1869 war beschlossen worden, auch diesen Teil der Erziehung für Mädchen zu öffnen, und schon ein Jahr später gingen hier die ersten Schülerinnen ein und aus. 1881 bot die nach der heiligen Scholastika benannte Schule auch Berufsschulkurse an, in denen die jungen Frauen »weibliche« Tätigkeiten wie Nähen, Schneidern und Spitzenklöppelei erlernen konnten. Die Ausübung eines Berufs war immer auch die Chance auf größere finanzielle Unabhängigkeit. Bis heute ist dieses Gebäude eine Schule – ob die Schülerinnen sich des historischen Orts bewusst sind, in dem sie tagtäglich wie selbstverständlich lernen dürfen?

Ein paar Häuser weiter befand sich die erste private Grammatikschule für Mädchen. Diese wurde 1896 dank der Bemühungen von Kazimiera Bujwidowa gegründet. Bujwidowa zog mit ihrem Ehemann, dem Bakteriologen Odon Bujwid, aus der russischen Besatzungszone nach Krakau, da diesem an der Jagiellonen-Universität eine Professur angeboten worden war. Damals war es für Frauen unmöglich, sich einzuschreiben und zu studieren, und auch Bujwidowa war eine akademische Karriere verwehrt gewesen – sie hatte dann aus familiären Gründen eine Schneiderlehre absolviert. Ein Studium scheiterte für Frauen oft auch an ihrer mangelnden Bildung. Daher eröffnete Bujwidowa die Grammatikschule, die es Frauen ermöglichte, einen entsprechenden Abschluss zu erlangen. Es handelte sich um die erste derartige Einrichtung nicht nur in Krakau, sondern in ganz Polen.

Aufgrund ihres Engagements nahm die philosophische Fakultät 1894 drei Frauen auf, die zwar an Prüfungen teilnahmen, aber keine Zeugnisse dafür ausgestellt bekamen. Drei Jahre später war auch das möglich – dank des unermüdlichen Einsatzes von Frauen wie Kazimiera Bujwidowa.

Adresse Świętego Marka 34, 31-022 Kraków und Świętego Jana 11, 33-332 Kraków | ÖPNV Tram 2, 3, 4, 10, 14, 20, 24, 52, Haltestelle Teatr Słowackiego | Öffnungszeiten nicht für touristischen Besuch gedacht, nur von außen zu besichtigen | Tipp Nebenan befindet sich die gotische Heilig-Kreuz-Kirche (Kościół pw. Świętego Krzyża) aus dem 14. Jahrhundert.

31 Das Ethnografie-Museum

Die studentische Tradition der Pucheroki

Krakau ist eine Studentenstadt – das ist bekannt. Die zwölf Universitäten mit ihren vielen Studierenden tragen neben den Touristen zur Lebendigkeit der Stadt bei. Während der Semesterferien ist der Unterschied besonders zu bemerken. Weil das Klischee vom mittellosen Akademiker nicht von ungefähr kommt, jobben polnische Studierende, wohnen bei ihren Eltern oder beschränken sich auf das Notwendigste. Bettelstudenten sieht man heute im Gegensatz zum 16. Jahrhundert allerdings nicht mehr. Grundsätzlich war Betteln damals zwar verboten, doch um Brot zu bitten wurde bald das legale Privileg von Studenten. Darüber entstand eine Tradition, die sich bis heute in wenigen Dörfern um Krakau erhalten hat.

Um Ostern herum, normalerweise am Palmsonntag, verkleideten sich Studenten und warteten vor Kirchen, wo sie den Passanten Gedichte vorsagten und das Beste zum Osterfest wünschten. Diese »Pucheroki« genannte Tradition war nicht nur auf Krakaus Kirchen beschränkt, sondern erstreckte sich auch auf Vororte wie Bibice oder Trojanowice. In ihren seltsamen Kostümen und mit ihrem oft vulgären Repertoire stellten sie für die Bewohner eine unterhaltsame Attraktion dar.

Doch gerade aufgrund jener Gedichte und den unschönen Vokabeln darin war die Tradition den Priestern Krakaus ein Dorn im Auge, weshalb sie 1780 verboten wurde. »Pucheroki« war aber so beliebt, dass es von Dorfjungen in den Vororten weitergeführt wurde. Deren typisches Outfit bestand aus mit papiernen Bändern und Streifen verzierten Stroh- oder Papphüten, Schaffelljacken und Osterkörben. Ihr Gesicht bedeckten die Jungen mit Ruß, und zwar besonders an jenen Stellen, an denen ihnen in ein paar Jahren Barthaare wachsen würden. Will man diese Kostüme heute betrachten, empfiehlt sich ein Besuch im Ethnografie-Museum. Die Dauerausstellungen zeigen unter anderem traditionelle Mode, Bräuche, Interieur und Kunst.

Adresse Plac Wolnica 1, 31-060 Kraków | **ÖPNV** Tram 6, 8, 10, 13, Haltestelle Plac Wolnica | **Öffnungszeiten** Di–So 10–19 Uhr, https://etnomuzeum.eu | **Tipp** Seit Jahrhunderten tanzt jedes Jahr am achten Tag nach Fronleichnam ein Mann auf einem Holzpferd im Tataren-Kostüm vom Norbertinerkloster bis zum Marktplatz. Dort angekommen wünscht der Bürgermeister der Stadt und ihren Bürgern Wohlergehen, den Rest des Tages wird getanzt und musiziert.

32 Der Flohmarkt

Jeden Sonntag eine eigene Welt

Jeden Sonntag findet das Sammlerherz hier das, was es immer gesucht hat, das, was es sich nie erträumt hat zu finden oder von dem es noch nicht einmal wusste, dass es danach gesucht hat. Der Besucher betritt mit dem Markt eine andere Welt: eine der Vergangenheit und eine der Zukunft.

Ein Verkäufer bietet Ringe an, wunderschön glänzend, mit bunten Steinen, eindeutig keine echten allerdings. Er erzählt die Geschichte des Rings, die zwar ohne Hobbits, aber nicht ohne Dramatik auskommt. Aus dem Zweiten Weltkrieg sei dieser Ring, in einer verlassenen Wohnung zwischen Kazimierz und der Altstadt habe er auf dem verstaubten Esstisch gelegen. Was für eine romantische, herzzerreißende Liebesgeschichte da wohl dahinterstecke? Nie werden wir es erfahren. Jahrzehntelang ohne Besitzer würde der Ring nur zu gern wieder an den Finger einer Frau kommen, um seine grausame Vergangenheit vergessen zu können. Für solch eine Darbietung ist das Publikum bereit, Złoty auszugeben, doch so viele? Der Verkäufer könne da nichts machen, schüttelt er den Kopf und nimmt einen Schluck aus der verdächtig nach »wódka« riechenden Flasche neben ihm. Der Ring verlange seinen Preis. Die Interessentin winkt ab und geht ein paar Schritte weiter. Plötzlich wird der Verkäufer aktiv und senkt den noch eben nicht verhandelbaren Preis fast um die Hälfte. Feilschen will eben gelernt sein, und wo, wenn nicht hier, ließe es sich studieren?

Ein Blick in die Zukunft eröffnet sich, betrachtet man all jene teilweise auf Tüchern am Boden liegenden, nicht identifizierbaren Dinge. Ihr Zweck offenbart sich erst demjenigen, der aus ihnen eine Zeitreisemaschine baut oder auch einen Helm, mit dem dieses Übermaß an Sinneseindrücken auf dem Markt verarbeitet werden kann. Ohne diesen Helm hilft eigentlich nur eine Rückkehr in dieses sonntägliche Kuriositätenkabinett.

Adresse bei der Hala Targowa, Ulica Grzegórzecka 3, 31-532 Kraków | ÖPNV Tram 1, 10, 15, 19, 20, 22, 52, Haltestelle Hala Targowa | Öffnungszeiten Markt Mo–So 7–15 Uhr, Flohmarkt nur am So | Tipp Ebenfalls empfehlenswert ist der Flohmarkt am Plac Nowy in Kazimierz, der samstags und sonntags stattfindet.

33 Der Foodtruck-Park

Pommes unter Palmen

Das Jahr 2020 hat vieles verändert, stellte vieles auf den Kopf. Gerade Restaurants und Veranstalter von Orten, an denen viele Menschen zusammenkommen, mussten aufgeben, kreativ werden oder umdenken. Auch die Organisatoren des Foodtruck-Parks »Bezogródek« mussten sich ein neues Konzept überlegen. Sie dachten sich: Wo wollen wir nach all den Monaten in unseren vier Wänden am liebsten unsere Zeit verbringen? Sie erinnerten sich an vergangene Urlaube in Bali, Mykonos oder am mexikanischen Strand. Und sie träumten sich an ferne Strände, Palmenblätter über sich, schöne Musik und schöne Menschen um sich und gutes Essen an der frischen Luft.

Ihre Träume setzten sie kurzerhand in die Realität um, und so finden wir den »Bezogródek« nun am Ende der Focha-Straße kurz vor der Brücke. Wie in ihrer Phantasie sitzen wir in Liegestühlen auf einer Holzterrasse zwischen Palmen. Um uns herum stehen Wagen mit einigen der beliebtesten Streetfood-Gerichte Krakaus, die mittlerweile schon als Klassiker bezeichnet werden können, zum Beispiel belgische Pommes und das Krakauer Pulled Pork. Daneben gibt es Tacos, Indisch, Acai Bowls, Rolleis (nach thailändischer Art) und den ersten und bisher einzigen Stand mit Lokma, kleinen süßen Teigbällchen, bekannt unter anderem in der arabischen, türkischen oder auch griechischen Küche.

Die Veranstalter bieten neben gutem Essen regelmäßige musikalische Unterhaltung mit DJs oder Bands, Yoga-Events, Tage für Kinder und für Hundebesitzer.

Der »urban jungle« soll nicht mehr nur in ihren Traumbildern erblühen, und so lassen sich hier tropische, dem Klima angepasste Pflanzen entweder für zu Hause erstehen oder für den »Bezogródek« stiften. Jeder Krakauer und jede Krakauerin (und natürlich auch alle anderen) soll hier das Gefühl eines Kurzurlaubs in fernen, exotischen Ländern bekommen.

Adresse Aleja Focha 41, 30-111 Kraków | ÖPNV Bus 102, 134, 152, 192, 252, 352, 902, Haltestelle Przegon oder Tram 6, 15, 20, Haltestelle Reymana (einmal quer über das Feld laufen) | Öffnungszeiten Mo–Fr 12–22 Uhr, Sa, So 12-0 Uhr | Tipp Nebenan, auf dem Dach der Sporthalle, ist eine Aussichtsplattform.

34 Das Fort 31

Relikt alter Wehranlagen

Sie brauchen ein wenig Abstand zum Trubel der Innenstadt? Ihnen sind das Florianstor und der Barbakane zu touristisch, Sie wollen aber trotzdem ein Stück der historischen Wehranlagen sehen? Dann ist das Fort 31 in Podgórze ein geeignetes Ausflugsziel für Sie. Diese in einem Park stehende Bergfestung ist heute nur noch zu bestimmten Anlässen wie den Podgórze-Tagen (»Dni Podgórza«) geöffnet, dann auch mit Führung. Die übrigen Tage ist es ein »lost place« und damit leider nur von außen zu betrachten.

Trotzdem ist es einen Besuch wert, denn das Fort des Sankt Benedikt ist das einzige bis heute erhaltene Fort in Podgórze. Ursprünglich waren es derer drei, die Mitte des 19. Jahrhunderts dem Schutz der Weichsel und der Straße nach Lwów dienten. Wegen Krakaus Nähe zu Russland spielte es eine wichtige Rolle in der militärischen Planung der Habsburger. Doch nur wenige Jahrzehnte nach dem Ausbau wurden die Befestigungsanlagen wieder fast vollständig abgetragen. Die Burg Wawel nutzte das österreichische Militär bis 1905 als Kaserne, das Fort 31 als Baracke. In den 1950er Jahren wurden die Innenräume dann zu Wohnungen umfunktioniert. Heute ist der alleinige Zweck des Forts, das Auge des Betrachters zu erfreuen. Im Inneren warten alte, verlassene Möbel und sonstige Baumaterialien auf eine kommende Renovierung. Wer weiß, vielleicht können wir in ein paar Jahren ein Zimmer darin buchen? Aus den Schießscharten auf die Stadt blicken, sich wie einst die österreichischen Soldaten fühlen, die hier in ihrem Luxusbett auf den Angriff Russlands oder sonstiger Feinde warteten. Bis dahin dauert es allerdings noch ein Weilchen, vermutlich wird sowieso eher ein Museum daraus.

Derweil spazieren wir um das beeindruckende Fort herum und zurück in die Innenstadt, die Planty entlang, die den Verlauf der ehemaligen Stadtmauern nur noch in friedlicher, grüner Form anzeigt.

Adresse Porucznika Antoniego Stawarza, 33-332 Kraków-Podgórze | **ÖPNV** Tram 3, 6, 11, 13, Haltestelle Podgórze SKA | **Öffnungszeiten** nur von außen zu besichtigen, zu bestimmten Anlässen wie den Podgórze-Tagen werden Führungen angeboten, www.podgorze.pl | **Tipp** Wer in den Parks und der Natur rund um Krakau unterwegs ist, stößt immer wieder auf Reste ehemaliger Befestigungsanlagen – ein Muss für Fans von »lost places«.

35 Das Forum Przestrzenie

Ein Ort der Moderne

Es ist Sommer, und nach Feierabend zieht es die Krakauer an diesen Ort, dessen Name schon ein Versprechen ist: Hier ist das Zentrum der Party! Wir setzen uns in einen der Liegestühle ganz vorne, dort, wo wir den besten Blick auf die Weichsel und den Wawel haben. Im Jahr 2013 wurde aus dem grauen Koloss am Fluss ein Paradies für Design-, Kunst- und Kulturfans, in dem sich jede Ecke als »insta worthy« bezeichnen lässt. Die Gründer des »Forum« eröffneten diesen Ort nach eigenen Angaben deshalb, weil sie etwas »Frisches« brauchten, eine neue, andere Perspektive auf Krakau, einen neuen Gemeinschaftsort. Das ehemalige Hotel war aufgrund seiner Lage und Anbindung perfekt für ein solches Vorhaben geeignet. Neben dem Club-Café bietet das »Forum« auf über 5.000 Quadratmetern Platz für die regelmäßig stattfindenden Mode-, Design- und Arbeitsmessen sowie Festivals, Konzerte und vieles mehr. Im Winter laufen die Krakauer hier Schlittschuh, im Sommer gehen sie ins Kino, tanzen oder auf Ausstellungen. Heute lässt sich dieser Ort als sehr modern bezeichnen, doch auch in seinen Anfängen war er das.

Nach zehn Jahren Bau eröffnete im Jahr 1989 das modernste Vier-Sterne-Hotel Polens. Als eines der ersten war es voll »komputeryzowany«, alles funktionierte über Computer. Es hatte 278 Zimmer, darunter 15 Suiten, war vollklimatisiert und besaß – Achtung, Luxus – automatische Wasserspülung in der Toilette! Das Hotel hatte zudem: Swimmingpool, Sauna, Solarium, ein Wellnessstudio, Tennisplätze, einen Minigolfplatz, eine Boutique, einen Souvenirladen, einen Friseur, ein Reisebüro, eine Wäscherei, einen Floristen, eine Wechselstube, einen Kiosk, eine Parfümerie, Kinderbetreuung und das Casino. Eine Stadt in der Stadt also, wer nicht wollte, musste das Gebäude nicht verlassen. Heute besteht der Rekord dieses Gebäudes darin, dass es als längste Werbetafel Polens gilt.

Adresse Marii Konopnickiej 28, 30-302 Kraków | **ÖPNV** Tram 18, 22, 52, Haltestelle Rondo Grunwaldzkie | **Öffnungszeiten** Mo, Di, Do, So 10–0 Uhr, Mi, Fr, Sa 10–4 Uhr, www.forumprzestrzenie.com | **Tipp** Ebenfalls im Gebäude des Forums befinden sich die »Termy Krakowskie«, eine Saunalandschaft mit Whirlpools und allem, was dazugehört.

36 Die fünf Gesichter

Wichtige Persönlichkeiten für und aus Kazimierz

Von der Wand der Józefa 17 in Kazimierz blicken fünf Gesichter. Es handelt sich bei diesen um bedeutende historische Personen, die in Zusammenhang mit Kazimierz stehen. Von links nach rechts begegnet uns zunächst König Kazimierz der Große. Dieser war einer der ersten Herrscher, der den Juden des polnischen Reiches Rechte zugestand. Außerdem ist er der Namensgeber des Viertels. Neben ihm das Gesicht der Esterka, seiner jüdischen Geliebten, von deren Existenz die historischen Quellen immer noch nicht ganz überzeugt sind. Sie war angeblich von außergewöhnlicher Schönheit und gebar dem König zwei Söhne und mehrere Töchter. Man munkelte auch, dass die judenfreundliche Politik des Königs ihr zu verdanken war, doch dies ist unbewiesen.

Neben ihr blickt uns Karol Knaus an, der Architekt vieler Häuser in Krakau und Kazimierz. Es folgt eines der berühmtesten Kinder von Kazimierz: Helena Rubinstein. Unter dem Namen Chaja Rubinstein in der Szeroka-Straße 14 um das Jahr 1871 geboren, machte sie später in den USA mit ihrem Kosmetikunternehmen ein Vermögen. Bis kurz vor ihrem Tod 1965 arbeitete sie in New York und hinterließ ihren Erbinnen und Erben ein Vermögen von mindestens 100 Millionen Dollar.

Neben Helena sehen wir Prinz Joseph II., den Patron des Viertels unter der Besatzung Österreich-Ungarns, der in seinem Toleranzpatent das Glaubensmonopol der katholischen Kirche auflöste. Er verkündete 1867 Religionsfreiheit und machte Juden damit zu gleichberechtigten Bürgern. Das Judentum galt in der k.u.k. Monarchie als Religion und nicht als Nationalität, und weil sich viele Juden schwer damit taten, sich als Slowenen, Polen, Ungarn zu identifizieren, richteten sie ihr Augenmerk auf die Monarchie und den Kaiser. Dieser bezeichnete Antisemitismus unter anderem als Krankheit mit entsetzlichen Auswüchsen und duldete keine Judenhetze.

Adresse Józefa 17, 31-056 Kraków | ÖPNV Tram 6, 8, 10, 13, 18, 22, 52, Haltestelle Stradom | Tipp Eine Parallelstraße weiter südlich befindet sich das Museum der Stadttechnik, in dem alte Straßenbahnen und sonstige Technik in verschiedenen Ausstellungen bewundert werden können.

37 Die Galerie der Plakate

Ein Muss für Fans polnischen Grafikdesigns

AUFMERKSAMKEIT! Genau darum geht es an diesem Ort: Design, das die Augen des Vorbeigehenden auf sich zieht, dann informiert, propagiert, agitiert. Die Botschaft ist wichtig, doch die Gestaltung noch mehr, denn diese bestimmt den ersten Eindruck. Dann folgt die Sprache, die für gewöhnlich in einfachen und wenigen Worten das bewirbt, was das Design schon ankündigt. Im Gegensatz zu anderen Kunst- und Kulturformen kommt die Sprache erst an zweiter Stelle, weswegen polnische Plakate in der Welt des Grafikdesigns schnell erfolgreich waren. Das frische und aufregende Design war vielen internationalen Künstlern ein Vorbild, weil es sich nicht an den Vorgaben von Werbeagenturen orientierte und sich auch kaum an die Doktrin des Sozialrealismus hielt.

Anfang der 1950er Jahre gestalteten immer mehr junge polnische Künstler Plakate, die für kulturelle Ereignisse warben. Unter dem Motto »Kunst wirbt für Kunst« fanden vor allem Film- und Theaterplakate großen Anklang. Diese Bewegung, die nicht organisiert war und auch nicht nach Manifest arbeitete, nannte man bald »Schule der polnischen Plakatkunst«.

In jener Zeit eröffnete Krzysztof Dydo seine Sammlung, die nach ein paar Jahren an die 20.000 Exemplare beinhaltete. 30 Jahre später gründete er die »Galerie der Plakate« in Krakau, die sich (laut Homepage) als einzige in ganz Polen auf *polnische* Werbe- und Handelsplakate spezialisiert hat. Eine Attraktion der Galerie sind die circa 2.500 Plakate von 200 polnischen Grafikkünstlern, die vor allem Ereignisse aus der Literatur- und Kulturszene bewerben. Wichtigen polnischen Plakatkünstlern widmete die Galerie eigene Ausstellungen, wie beispielsweise Henryk Tomaszewski oder den Krakauern Władysław Pluta und Michał Jandura. Nicht nur Liebhabern von Design und Geschichte sei ein Galeriebesuch dringend empfohlen.

Adresse Stolarska 8, 31-043 Kraków | **ÖPNV** Tram 1, 2, 3, 10, 15, 20, 24, 52, Haltestelle Poczta Główna | **Öffnungszeiten** Mo–Fr 12–17 Uhr, Sa 11–14 Uhr (an manchen Samstagen geschlossen), www.cracowpostergallery.com/en | **Tipp** Im angrenzenden Shop lassen sich ausgewählte Plakate auch erwerben.

38 Das Goethe-Institut

Pflege einer langen Beziehung

Eine der zentralen Kulturinstitutionen Krakaus ist das Goethe-Institut. Jeder, der will, kann hier die deutsche Sprache erlernen oder in den zahlreich angebotenen, kostenlosen Veranstaltungen Literatur, Kunst, Kultur begegnen. Einer der Höhepunkte der Institutsgeschichte war die Feier seines 25-jährigen Jubiläums im Jahr 2017, die neben einer »silent disco« einen Guinness-Rekordversuch veranstaltete, bei dem Freiwillige 25 Stunden durchgehend Deutschunterricht hatten. Steffen Möller, einer der in Polen beliebtesten Deutschen, moderierte durch das Wochenende.

Die deutsche Sprache spielt in Krakau (sowie ganz Polen) schon seit dem 16. Jahrhundert eine Rolle. Damals war die Krakauer Stadtgesellschaft multiethnisch und mehrsprachig; in städtischen Ämtern arbeiteten überwiegend deutschsprachige Bürger, Predigten in der Marienkirche wurden auf Deutsch gehalten. Anfang des 17. Jahrhunderts dann schaffte auch das Krakauer Gericht als letztes der städtischen Ämter den Gebrauch des Deutschen ab. Nach der Annexion Krakaus durch Österreich wurde 1853 Deutsch zur offiziellen Sprache erklärt. Bekanntermaßen geschah dies noch einmal im 20. Jahrhundert, radikaler und verheerender als all die Jahrhunderte zuvor. Deswegen ist die Sicht auf das Deutsche heute auch zwiegespalten: Einerseits ist es die Sprache der Nationalsozialisten, die Leid und Tod über das Land brachten. Gleichzeitig ist es das Tor zum Arbeitsmarkt der Nachbarn und damit der Hauptgrund für all die Studierenden in den Kursen des Goethe-Instituts.

Im alten Institutsgebäude am Markt war der Blick von der Bibliothek aus neben all der Literatur empfehlenswert. Die Bücher gibt es natürlich noch immer, und der Blick fällt jetzt – etwas ruhiger – auf die Weichsel. Im Programm des Goethe-Instituts stehen regelmäßig kostenlose Lesungen, Kinoabende und sonstige Veranstaltungen.

Adresse Podgórska 34, 31-536 Kraków | ÖPNV Tram 3, 19, 24, Haltestelle św. Wawrzyńca | Öffnungszeiten Mo 13–18 Uhr, Di–Do 11–15 Uhr, Bibliothek 10–18 Uhr, www.goethe.de/ins/pl/de/sta/kra.html | Tipp Das Goethe-Institut befindet sich auf dem Gelände der »Galeria Kazimierz«, einem der größten Einkaufszentren der Stadt.

39 Die Grunwaldzki-Brücke

Mythische Abendstimmung

Kurz nach Sonnenuntergang ist Krakau am magischsten. Ein weiterer Tag endet, und der Zauber der Nacht, in der alles möglich erscheint, legt sich über die Stadt. Krakau inspiriert, und das schon immer. Auch die eigene Phantasie. Angeregt durch die Farbpalette über der Burg und ihrer Spiegelung im Fluss meint man beinahe, die schöne, tapfere Wanda aus der polnischen Sagenwelt dort am Geländer der Brücke zu sehen. Wird sie springen und sich damit für ihr Land opfern? Oder geht sie weiter, vielleicht ins Manggha-Museum oder ins Forum Przestrzenie, um den Ausblick auf das Schloss von einem Liegestuhl am Strand aus zu genießen?

Die Geschichte über die Tochter des ebenfalls legendenumrankten Königs Krak gibt es in mehreren Versionen. Wissenschaftler sind sich bis heute nicht einig, welche den wirklichen Geschehnissen am nächsten kommt. Fürst Rüdiger soll die schöne Königin um ihre Hand gebeten haben, doch diese bevorzugte ein Leben ohne Männer. Die eine, weniger dramatische Variante besagt nun, Wanda lebte fortan ein langes Leben, der deutsche Fürst jedoch stürzte sich nach ihrem Korb in sein eigenes Schwert. In der anderen Version opfert sich Wanda für ihr Volk. Denn Rüdiger konnte ihr einfaches Nein nicht akzeptieren und wollte Wandas Liebe durch einen Krieg erzwingen. Diesen jedoch gewannen die Krakauer. Aus Dankbarkeit und um nicht noch weitere Kriege zu provozieren, übergab Wanda sich der Hand der Götter und sprang in die Weichsel. Dort, wo ihr Körper der Sage nach an Land gespült wurde, errichteten die Krakauer ihr Grabmal – den Wanda-Hügel.

Hier, von der Grunwaldzki-Brücke aus, leuchtet der Himmel über dem Wawel in einem zarten Orange und Pink, das Blau geht ins Lila über und spiegelt sich im Wasser des Flusses. Diese magischen Abendstunden auf der Grunwaldzki-Brücke besiegeln die Liebe zu Krakau für immer – da ist sogar der Verkehr vergessen.

Adresse Most Grunwaldzki, 33-332 Kraków | ÖPNV Tram 18, 22, 52, Haltestelle Orzeszkowej | Tipp Besonders atmosphärisch wird die Stimmung auf der Brücke, wenn im Ohr Musik des Krakauers »Gypsy and the Acid Queen« läuft, zum Beispiel das Lied »Lullaby for a Dying Man«. Im »ICE Kraków Congress Centre« finden immer wieder auch Konzerte statt, ein Blick auf das Programm lohnt sich.

40 Die Handwerk-Workshops

Stickerei und Spitze im Haus der Kultur

Vielleicht haben Sie in einem der Restaurants der Stadt Ihr Essen darauf verzehrt. Oder Ihnen sind sie in den vielen Souvenirläden aufgefallen. Egal wo, mindestens einmal sind Sie dieser Handwerkskunst in Krakau schon begegnet, vielleicht auch nur ganz unbewusst, immerhin ist sie sehr filigran. In den Workshops namens »Fadenzauber« (»czar nici«) im Haus der Kultur in Podgórze können Sie die Kunst der Stickerei und Spitze selbst erlernen.

Mit dieser Kunst werden seit jeher Stoffe verziert. Das polnische Wort »haftowanie« (Stickerei) kommt übrigens – wie viele andere Wörter aus dem Handwerk – vom deutschen »haften«. Wer sich auskennt, dem dürften die in den Kursen angebotenen Stickerei-Arten etwas sagen: flache, schattierte, mathematische und Kreuzstickerei. Das polnische Wort für Spitze »koronka« bedeutet wortwörtlich übersetzt »Krönchen«. Und diese kleinen Kronen werden ebenfalls mit verschiedenen Techniken gefertigt: Klöppel-, Häkel-, Schiffchen- und Teneriffaspitze – alles in diesen Kursen erlernbar.

Im 16. Jahrhundert kam die Klöppelspitze von Italien nach Polen, mit den Handwerksmeistern im Gefolge der Königin Bona Sforza, der Frau von König Sigismund dem Alten. Im Wawelmuseum können viele dieser Kunstwerke heute noch bestaunt werden. Seit damals ist dies die Kunst polnischer Prinzessinnen und Königinnen. Die Spitzenmacherei entwickelte sich auf dem Land Mitte des 19. Jahrhunderts. Mäzeninnen und Mäzene wie die Schauspielerin Helena Modrzejewska und der Maler Stanisław Witkiewicz ermutigten in Kursen und Schulen Frauen zu diesem Handwerk. Die Techniken variieren von Region zu Region. Die beliebteste ist die Häkelspitze. Am Design einer Spitze lässt sich oft auch dessen Herkunft erkennen. Dank Zofia Dunajczan und ihren Schülerinnen überlebte sie bis heute. Dazu gehört auch Jadwiga Węgorek, die seit 1999, nach sechs Jahren Ausbildung, Workshops anleitet.

Adresse Dom Kultury Podgórza, Sokolska 13, 30-510 Kraków | ÖPNV Tram 6, 8, 10, 13, Haltestelle Korona | Öffnungszeiten Mo–Fr 10–18 Uhr, Gruppe I, Do. 9–12 oder 12–15 Uhr, Gruppe II, Mi. 16–19 Uhr (zeitweise Mo–Fr 9–18 Uhr), Tel. 0048/500552779 | Tipp In der Nachbarschaft zum »Haus der Kultur« (Celna 5) befindet sich die soziale Initiative »ŻyWa Pracownia« (Lebende Werkstatt), die ebenfalls Workshops anbietet, besonders für Menschen, die von sozialer Ausgrenzung bedroht sind – Straßenkinder, Migranten, Senioren, alleinerziehende Mütter, Obdachlose … In den Räumlichkeiten befindet sich unter anderem eine Fahrradwerkstatt, eine Bibliothek für Obdachlose, eine Gemeinschaftsküche und ein Sammellager für Hilfsgüter.

41 Das Haus der Przybyszewscy

Das vielleicht aufregendste Paar der Krakauer Bohème

Der Efeu umrankt dieses Haus genau wie die Geschichten seine ehemaligen Bewohner. Diese Adresse war jedem Künstler Krakaus Ende des 19. Jahrhunderts bekannt. Das Haus hatte damals nur eine Etage, gehörte dem Ehepaar Przybyszewscy also allein – doch waren sie vermutlich selten nur zu zweit.

Obwohl er einer der wichtigsten polnischen Autoren des jungen Polens war, ist Stanisław Przybyszewski heute fast vergessen. Zu seiner Zeit war er eine Legende und neben seiner Literatur auch für seine Trunkenheit bekannt. Der Kreis seiner Anhänger war als die »Kinder Satans« bekannt, sein Haus in der Karmelicka nannte man die »Synagoge Satans«. Den Stoff für seine Werke, die vor allem von der Macht der Liebe, Qualen der Seele und körperlichen Begehren handelten, bezog er aus seinem Leben selbst. Einmal etwa reiste Stanisław 1899 nach Lwów (Lemberg). Dort wohnte er bei dem Dichter Jan Kasprowicz, mit dessen Ehefrau er eine Affäre begann. Gleichzeitig führte er eine Beziehung mit der Malerin Aniela Pająkówna.

Seine norwegische Ehefrau Dagny Juel Przybyszewska war nicht weniger aufregend und stand keineswegs in Stanisławs Schatten. Sie war Übersetzerin, Schriftstellerin, Pianistin, Dichterin und Muse. Dagny hatte viele Verehrer, sie unternahm Reisen durch ganz Europa und führte neben ihrer Ehe eine Dreiecksbeziehung – die für alle drei Beteiligten dramatisch endete. Der eine Mann hatte sich umgebracht, angeblich aus Verzweiflung über seine unerwiderte Liebe. Mit dem zweiten Mann, Władysław Emeryk, verbrachte sie ein paar Wochen in Tiflis, bis er schließlich sie und dann sich selbst erschoss. Wenngleich beide Przybyszewscy literarisch unbedeutend geworden sind, eins prägten sie dann doch: das Wort für jene hemmungslose, morbide Atmosphäre Ende des 19. Jahrhunderts: »przybyszewszczyzna«.

Adresse Karmelicka 53, 31-133 Kraków | **ÖPNV** Tram 4, 8, 13, 14, 24, Haltestelle Plac Inwalidów | **Öffnungszeiten** derzeit Beautysalon: Mo–Fr 9–20 Uhr, Sa 8–16 Uhr | **Tipp** Ein paar Blocks weiter nördlich, an der Ecke Krowoderska-Słowackiego, unter der Nummer 79 im zweiten Stock, wohnte Stanisław Wyspiański mit Frau und Kindern von 1901 bis 1906.

42 Das Haus mit dem Hummer

Einst Heimat der polnischen Suffragettenbewegung

Viele Menschen gehen an diesem Haus einfach vorbei. Auf den ersten Blick gibt es keinen Grund stehenzubleiben. Immerhin befindet sich um die Ecke der Hauptmarkt mit unzähligen Restaurants, Bars, Clubs und Geschäften. Einen Grund jedoch gibt es, sich für das Haus Nummer 7 zu interessieren, und der liegt sowohl in dessen Ästhetik als auch in seiner Geschichte. Über dem Eingang ist ein riesiger roter Hummer in Stein gehauen (Polnisch »homar«). Er wacht über das Gebäude und beobachtet, wer ein und aus geht.

Das tat er vermutlich auch schon damals, als dieser Ort eine wichtige Rolle für die Frauenbewegung Krakaus spielte. Hier, in der Wohnung Maria Siedlickas, gründete diese im Jahr 1897 mit Kazimiera Bujwidowa, einer anderen Aktivistin, einen Lesesaal für Frauen. Dieser wurde zu einer der wichtigsten Institutionen der Krakauer Suffragettenbewegung: Frauen tauschten sich in einer sicheren Umgebung über ihre Erfahrungen aus, trafen sich zu Diskussionen über ihre Rechte und die Probleme damit, an der Jagiellonen-Universität zu studieren, Vorlesungen zu besuchen oder die umfangreiche Büchersammlung zu nutzen. Auch Nähkurse für Mädchen aus Arbeiterfamilien wurden abgehalten.

1904 organisierten sie eine Abteilung zur Verteidigung der polnischen Frauenrechte, die sich mit geschlechtsspezifischer Gewalt befasste. Der Lesesaal bestand insgesamt 20 Jahre lang, wechselte allerdings zwischenzeitlich seinen Sitz.

Von diesem wichtigen Ort für die Frauen ist nichts Sichtbares mehr geblieben. Ein unbekannter Erinnerungsort, behütet und beschützt vom roten Riesenlobster an der Hausmauer. Er hat die mutigen Kämpferinnen noch selbst erlebt und konnte im Gegensatz zu ihnen sehen, wie sich die Rechte der Frauen auch dank ihres Engagements bis heute entwickelt haben. Ob er zufrieden ist?

Adresse Szpitalna 7, 33-332 Kraków | ÖPNV Tram 1, 2, 3, 10, 15, 20, 24, 52, Haltestelle Poczta Główna | Öffnungszeiten nur von außen zu besichtigen | Tipp Am Anfang der Szpitalna-Straße befindet sich das Hipolit-Haus (Kamienica Hipolitów), ein Museum, in dem die Inneneinrichtung von Häusern aus dem 19. Jahrhundert gezeigt wird.

43 Das Haus Rydlówka

Ort der bekanntesten polnischen Hochzeit

Wie eine Zeitreise ins Polen Anfang des 20. Jahrhunderts ist der Besuch des »Rydlówka«-Hauses. Es steht in dem 700 Jahre alten Krakauer Vorort Bronowice, der für sich schon beliebte Kulisse der Folklorekunst ist. Das historische Herrenhaus selbst ist der Ort, an dem die für die polnische Kultur vielleicht wichtigste Hochzeit stattfand.

Beschrieben wird sie in »Wesele«, des polnischen Dichters Wyspiańskis bedeutendstem Werk aus dem Jahr 1901. Es basierte auf einer wahren Begebenheit, nämlich der Hochzeit seines Dichterfreundes Lucjan Rydel. Dessen Ehe war ein Skandal, denn er, der Sohn eines Universitätsprofessors, heiratete Jadwiga Mikołajczykówna, die Tochter eines Bauern! Wyspiański selbst war zwar auch mit einer Frau dieser Herkunft verheiratet, doch erst jene Hochzeit inspirierte ihn zu seinem Theaterstück. Die Heirat zwischen den zwei Ständen war besonders seit dem Bauernaufstand 1846 verpönt, Adel und Bauern hatten sich nichts mehr zu sagen. Vermutlich waren Hochzeiten dieser Art gerade deshalb unter Krakauer Bohemiens angesagt – je mehr es gegen gesellschaftliche Vorstellungen ging, desto besser.

Wie in Wirklichkeit auch feiern in »Wesele« Bauern zusammen mit der Bohème Hochzeit, was für den damaligen Leser an sich schon ein Kuriosum darstellte. Im weiteren Verlauf treten historische Gestalten Polens auf die Bühne, darunter Hofnarren, Propheten und Maler; es folgen Aufrufe zum Volksaufstand, Irrungen und Wirrungen und am Ende ein hypnotischer Tanz der Hochzeitsgäste. War »Wesele« auch als »Insider« für die Bohème Krakaus gedacht, entwickelte es sich rasch zu einem Werk des polnischen Kanons.

Das Rydlówka-Museum ist also ein Ort für Freunde der Literatur- und Kulturgeschichte. Doch auch für diejenigen unter Ihnen, die sich dafür nicht ganz so erwärmen können, ist das Haus ein reiner Augenschmaus.

Adresse Ulica Włodzimierza Tetmajera 28, 31-352 Kraków-Bronowice Małe | **ÖPNV** Tram 4, 8 and 24, Haltestelle Endstation Bronowice Małe | **Öffnungszeiten** Di–Sa 10–17 Uhr Di freier Eintritt, Führungen nur auf Polnisch, Flyer gibt es aber auch auf Englisch und Deutsch, www.muzeumkrakowa.pl | **Tipp** Nebenan steht ein weiteres historisches Gebäude, der Hof Tetmajerówka. Auch dieser ist als Museum zu besichtigen.

44 Das Hefekringel-Museum

»Obwarzanki« zum Selberbacken

Der besondere Hefekringel ist nicht umsonst das Motiv dieses Buchs. Für jede Polin und jeden Polen, aber auch für Touristen ist klar: Das ist ein »obwarzanek«, und die Stadt, in der sich die 111 Orte befinden, ist Krakau. Jeden Tag werden auf dem Marktplatz an die 150.000 Kringel verkauft, und in ganz Krakau stehen um die 180 Stände.

Ein Grund, warum dieses Gebäck ein Symbol für Krakau geworden ist, liegt mehr als 500 Jahre zurück. Im Jahr 1496 nämlich befahl König Jan Olbracht, dass echte »obwarzanki« nur in Krakau gekauft werden dürfen. Die erste Erwähnung der auf Lateinisch »circinellos« genannten Kringel stammt aus dem Jahr 1394. Er stand schon auf Königin Jadwigas Speiseplan. Ursprünglich wurde er nur in der Fastenzeit gebacken, irgendwann beschlossen die Bäcker, ihn auch im übrigen Jahr anzubieten – doch nur an Frei- und Fastentagen.

»Obwarzanki« zu backen war nur einigen wenigen Bäckereien in Krakau erlaubt. Wer sie ohne Erlaubnis oder außerhalb der erlaubten Zeiten herstellte, wurde bestraft. Auch war es nicht erlaubt, nebenbei anderes Brot im Ofen zu haben. Noch immer werden die original »obwarzanki« per Hand hergestellt. Der Bäcker rollt einen Teigball zu einer »sulka«, einer fingerdicken Rolle, dreht zwei oder drei davon ineinander, verbindet ihre Enden und formt einen perfekten Kreis. Wenn der Teig aufgegangen ist, kommt er in ein heißes Bad und wird gekocht. Danach streuen die Bäcker entweder Salz, Mohn, Sesam oder neuerdings auch Käse oder Kümmel darauf und backen sie. Die »echten« »obwarzanki« erkennt man übrigens an den Längsspuren durch das Braten auf dem Grill, die »Fälschungen« an den kleinen Kreisen auf der Rückseite.

Im Mitmach-Museum darf jeder seinen eigenen Kringel backen und kann sich hinterher sicher sein, dass es sich um ein nicht maschinell hergestelltes Original handelt.

Adresse Żywe Muzeum Obwarzanka, Ignacego Paderewskiego 4, 31-157 Kraków | ÖPNV Tram 2, 4, 14, 15, 18, 20, 24, Haltestelle Stary Kleparz | Öffnungszeiten Mo–Do 10–16 Uhr, Fr–So 9.30–17.30 Uhr | Tipp Zum »obwarzanek« schmeckt gegrillter »oscypek«-Käse mit Preiselbeeren – eine weitere Delikatesse aus der Gegend um Krakau. Oft auf dem Marktplatz (Rynek Główny) oder auf dem Markt in Stary Kleparz (siehe Ort 1) zu finden.

45 Das Herrenhaus des Jägers

Teil der königlichen Hofanlagen

Fährt man auf der Seite des Wawel-Bergs die Kościuszki-Straße gen Westen, kommt man an den ehemaligen königlichen Hofanlagen vorbei, die im Mittelalter an der Weichsel lagen und später zu den königlichen Gärten auf der Zwierzyniecki-Halbinsel gehörten. Hier steht das »Haus des Jägers«. Einer unbestätigten Tradition zufolge war das Gebäude der Sitz des königlichen Jägers. Hängen an den Wänden innen lauter tote Tierköpfe, Felle, Gewehre? Es ist eines der wenigen übrig gebliebenen Beispiele für Häuser in der Vorstadt, die meisten davon hat sich im 20. Jahrhundert die wachsende Stadt einverleibt. Von den Elementen des Mauerwerks aus dem 17. Jahrhundert sind das Hauptportal und ein Teil des Gewölbes in der Halle erhalten. Im 19. Jahrhundert wurde die Galerie durch ein einstöckiges Nebengebäude aus Backstein ersetzt.

Die 1646 fertiggestellte Villa durchlief eine Reihe von Besitzern, war zwischendurch Palast für russische, dann für preußische Soldaten, beherbergte später ein Gasthaus und noch später eine Wodkafabrik.

Der ehemalige Geländegrundriss zeigt einen weitläufigen Garten mit von Bäumen gesäumter Allee und großzügigen Teichen, den Beweis liefert der »Kołłątaj-Plan«. Bei diesem handelt es sich um einen Plan für die Vororte der Stadt, der auf Antrag des damaligen Rektors der Krakauer Universität Hugo Kołłątaj in den Jahren 1783 bis 1785 entwickelt worden war. Der Plan ist im Maßstab 1:3000 erstellt und umfasst neben Krakau, Kazimierz und Kleparz auch Vororte des linken Weichselufers. Aufgrund seiner einzigartigen Genauigkeit dient er als hervorragende Quelle für die historische Topografie der Stadt. 1794 kam er mit den preußischen Besatzern schließlich nach Berlin; 1974 gaben ihn die DDR-Behörden wieder zurück. Heute ist er Teil der Sammlung des Krakauer Historischen Museums.

Adresse Tadeusza Kościuszki 37, 33-332 Kraków | **ÖPNV** Tram 1, 2, Haltestelle Komorowskiego | **Öffnungszeiten** nur von außen zu besichtigen | **Tipp** Das Buchantiquariat »Abecadło« befindet sich gleich in der Nähe der Jägervilla in der Kosciuszki 18. Alte Schränke mit noch älteren Büchern warten hier auf den Bücherfan.

46 Das Hevre

Freunde für immer

In einem ehemaligen jüdischen Gebetshaus aus dem 19. Jahrhundert befindet sich die Cafébar Hevre. Die Größe ihres Raums mit den hohen Wänden und der (vermutlich) originalen »mechitza« ist im Gegensatz zu den vielen kleinen, gedrängten Bars von Kazimierz eine willkommene Abwechslung.

Die Beschädigungen aus dem Zweiten Weltkrieg sieht man noch heute, aber vielleicht macht das gerade den Charme dieses Ortes aus. Die durchschimmernden Reste der Wandmalereien erzählen von einer anderen Zeit, damals, vor dem Krieg, als dies hier noch ein Gebetshaus und die Welt ein gutes Stück anders als vor dem großen Bruch war. Das ist das Besondere und Schöne an unperfekten Wänden: Sie geben nicht vor, dass hier nie etwas passiert ist. Vielleicht sind die Stadtbezirke Kazimierz und Podgórze deswegen auch so beliebt: Weil hier nichts blitzblank geputzt ist, keine perfekt renovierten Fassaden übertünchen die Geschichte. Trotz dieser kleinen, gewollten Imperfektionen – immerhin ist das ja auch ein Zeichen von Stil, so macht man das heute – ist im Hevre natürlich alles an seinem Platz und wie gemacht für Fotos und viele Likes.

Die Speisekarte orientiert sich ganz dem Viertel gemäß an galizischen und jüdischen Essenstraditionen. In den gemütlichen Sesseln lässt es sich nicht nur gut entspannen, essen und trinken, sondern auch arbeiten: In dieser Atmosphäre ist es sehr gut vorstellbar, zu lesen oder am eigenen Roman zu schreiben. Abends verwandelt sich der Ort gern mal in einen Club, DJs und Bands treten auf, und Gäste dürfen sowohl im Obergeschoss als auch im Keller tanzen. Beamer verwandeln dann die Wände in tanzende Blütenmeere, in visuelle Abenteuer. Im Hevre finden auch Veranstaltungen statt, die dem interkulturellen Austausch und der Völkerverständigung dienen – ganz dem hebräischen Wort folgend, das über der Eingangstür steht: Freund.

Adresse Beera Meiselsa 18, 31-058 Kraków | ÖPNV Tram 6, 8, 10, 13, Haltestelle Stradom | Öffnungszeiten So–Do 10–23 Uhr, Fr–Sa 10–1 Uhr | Tipp Eine dieser urigen, heimeligen Cafébars in Kazimierz liegt in der Józefa, eine Straße weiter, und bezaubert mit ihrem Interieur und Garten im Innenhof.

47 Die Holzkapelle

Ab auf den Holzweg

An der Endhaltestelle Salwator steigen wir aus. Der Weg Richtung Kościuszko-Hügel ist gepflastert und sehr grün, gar ländlich wirkt es hier. Viele Häuser sind augenscheinlich im Originalzustand und noch nicht dem Gentrifizierungswahn zum Opfer gefallen. Den Weg bergauf säumen große, alte Bäume, auch sie sind ein Zeichen dafür, wie historisch diese Gegend ist. Gleich zu Beginn der Świętej Bronisławy kommen wir an einer Grünfläche vorbei, auf der auf den ersten Blick eine einfache Holzhütte steht. Auf den zweiten Blick fällt auf, dass diese rund und der Rasen zu gepflegt für einen Geräteschuppen ist. Vor uns steht eine der ältesten erhaltenen Holzkapellen Polens.

Sie ist historisch mit der Kongregation der Norbertinerinnen verbunden, die sich in der ersten Hälfte des 12. Jahrhunderts in Zwierzyniec bei Krakau ansiedelten. Unbekannt ist der erste Bau der Gedenkkapelle, der ein paar Jahrhunderte später abbrannte. Auch der zweite Versuch wurde zerstört, diesmal von den Schweden Mitte des 17. Jahrhunderts. Der dritte und bis heute erhaltene Bau diente der Messe und das Land außen herum als Friedhof für die Massenbestattungen während der Choleraepidemie Anfang des 18. Jahrhunderts. Die räumliche Anordnung der Kapelle ähnelt den zentralen Grabkapellen der Renaissance. Viele solcher Backsteinkapellen wurden im 16. und 17. Jahrhundert in Polen gebaut, aber Holzkonstruktionen dieser Art waren selten. Die Originalmöbel aus dem 17. Jahrhundert stehen heute bei den Norbertinerinnen auf der anderen Straßenseite. Alles, was sich jetzt an Möbeln und Dekoration darin befindet, wurde aus anderen polnischen Kirchen und Gebäuden zusammengesammelt. Das Kruzifix beispielsweise, um 1939 von Bildhauer Bronisław Langman angefertigt, war ursprünglich für das Schlesische Parlament in Katowice vorgesehen. Die Kapelle ist eine Station auf dem Holzarchitekturweg Kleinpolens.

Adresse Świętej Bronisławy 8, 30-206 Kraków | **ÖPNV** Tram 1, 2, Haltestelle Salwator | **Öffnungszeiten** Mai–Okt. am 1. und 3. So im Monat | **Tipp** Wer der Straße weiter bergauf folgt, gelangt nach ungefähr 900 Metern zur »Teuflischen Brücke«, unter der der Legende nach ein Schatz liegen soll, über den jedoch Teufel wachen. Jeder, der unter ihr hindurchgeht, wird des Nachts von ihnen heimgesucht.

48 Das Internationale Kulturzentrum

Dialog mit den Nachbarn und der Welt

Der Marktplatz bietet eine Fülle von Eindrücken, an jeder Ecke gibt es etwas zu sehen, hören und riechen. Da kann man diese Institution gegenüber des Glockenturms Richtung Collegium Maius durchaus mal übersehen. Was schade wäre, denn es handelt sich hier um das Internationale Kulturzentrum, kurz ICC, das spannende Ausstellungen im Programm hat und den Blick auch auf Länder und Kulturen außerhalb Polens richtet.

Das ICC ist schon seit seiner Gründung 1991 auf Zentraleuropas Kultur und Erbe spezialisiert. Der Fokus der Institution lag von Beginn an auf dem kulturellen Dialog Polens mit seinen Nachbarn und der Welt. Und dieses Gespräch führt es in einer beeindruckenden thematischen Breite. Dabei reflektiert das Programm interdisziplinär Geschichte, Architektur, Gedächtnis und Erinnerung, Schutz von Kulturerbe und alles rund um dessen Management. Gegenseitiges Kennenlernen, so das ICC, sei die einzige Möglichkeit, Stereotype und Vorurteile abzubauen und interregionale und internationale Beziehungen zu stärken. Die Erfolgsformel des Zentrums liegt einerseits in wissenschaftlichen Projekten, konzipiert für Experten und Entscheidungsträger, sowie in Projekten für das polnische Publikum, das dadurch Kultur und Kunst Zentraleuropas in all seinen faszinierenden Facetten kennenlernt.

Die Lage des ICC direkt am Marktplatz, im historischen Gebäude in Verbindung mit seiner modernen Innenarchitektur zeigt auch nach außen hin seinen Auftrag: Kulturerbe ins Heute überführen und dabei aktuelle Debatten und Strömungen der polnischen und europäischen Gesellschaft einzubinden. Ausstellungen des ICC behandelten beispielsweise »Erzählungen aus der DDR – dem Land, das es nicht mehr gibt« und die Krakauer Juden in der Zwischenkriegszeit.

Adresse Rynek Główny 25, 31-008 Kraków | ÖPNV Tram 2, 8, 13, 18, 20, Haltestelle Teatr Bagatela | Öffnungszeiten Di–So 10–18 Uhr, www.mck.krakow.pl | Tipp Zwei Häuser weiter kann man in der »Papugarnia Amazonia« echten Papageien ganz nah kommen.

49 Die Jagiellonen-Bibliothek

Hüterin Zehntausender Schätze

Entlang der Mickiewicz-Allee steht ein eindrucksvolles Gebäude. Seine Architektur verkündet den Passanten: In meinem Inneren verbergen sich wahre Schätze des polnischen Selbstverständnisses, trete nur mit wohlwollenden Absichten ein. Es handelt sich zwar um den »Neubau« der Jagiellonen-Bibliothek, doch deren Geschichte ist so alt wie die der Universität selbst.

Schon drei Jahre nach der Eröffnung der Jagiellonen-Universität im Jahre 1367 wurde das erste Manuskript gestiftet, was auf die Existenz einer Bibliothek schließen lässt. Diese befand sich damals jedoch noch im Collegium Maius, dem ältesten der Universitätsgebäude in der Sankt-Anna-Straße, heute ein Museum (siehe Ort 104). Bis ins 18. Jahrhundert waren die Bestände der Universität auf die verschiedenen Fakultäten verteilt. Dann jedoch kam Hugo Kołłątaj und führte die vielen Sammlungen zu einer Hauptbibliothek zusammen. Beinahe hundert Jahre später modernisierte Professor und Direktor Karol Estreicher sie erneut und gründete die »Bibliografia Polska«. Erst 1931 begannen die Arbeiten am Neubau, fertiggestellt wurde dieser 1941 unter deutscher Besatzung. Als »Bollwerk deutscher Geistesarbeit« sollte es als Basis zur geplanten Deutschen Universität Krakaus beitragen. An die 20 ehemalige Bibliotheksmitarbeiter wurden mit dem Transport der Bestände in das neue Gebäude beauftragt. Heimlich gelang es ihnen dabei, auch die Krakauer Untergrund-Universität mit Material zu versorgen.

Die Jagiellonen-Bibliothek ist eine der bestausgestatteten Bibliotheken des Landes und eine wahre Goldgrube: In ihr lagern über 30.000 Manuskripte, davon 2.000 aus dem Mittelalter. Zudem enthält sie kartografische Sammlungen, Grafiken und Noten. Neben wertvollen Manuskripten von Kopernikus, Wyspiański und Chopin ist ihr wertvollstes Ausstellungsstück die »Bogurodzica«, der älteste polnische Text mit Melodie.

Adresse Aleja Adama Mickiewicza 22, Eingang: Oleandry 3, 30-059 Kraków | **ÖPNV** Tram 6, 20, Haltestelle Muzeum Narodowe; Bus 114, 144, 164, Haltestelle AGH/UR | **Öffnungszeiten** Mo–Fr 8.15–20.50 Uhr, Sa 9–16 Uhr | **Tipp** Wer keinen Anlass sieht, in die Bibliothek einmal hineinzugehen, und sie trotzdem von innen ansehen möchte, kann dies online tun. Auf www.wirtualnyspacer.krakow.pl sind öffentliche Gebäude virtuell zu besichtigen sowie von oben zu betrachten. In der Nähe der Bibliothek befindet sich die als Mensa fungierende Milchbar »Żaczek« (Oleandry 1).

50_Das Jama Michalika

Zeitreise zur Krakauer Bohème

Zeitreisen sind unmöglich? Von wegen! Wer sich in Woody Allen'scher Manier in vergangene Zeiten träumen will, steigt am Marktplatz in eine Kutsche und ein paar Meter weiter vor dem »Jama Michalika« aus. Beim Betreten des Cafés eröffnet sich die inspirierende Welt der Krakauer Bohème Anfang des 20. Jahrhunderts. All die (Lebens-)Künstler und kreativen Seelen blicken aus den Rahmen ihrer Kunstwerke an der Wand auf die neuen Gäste. Was werden sie wohl beitragen?

1895 öffnete die »Michaelshöhle« ihre Tore. Das Interieur, das Sie heute hier sehen, stammt aus dem Jahr 1908. Unsterblich machten das Café die Künstler, Schauspieler und Schriftsteller der Bewegung »Junges Polen«, zu der unter anderen Wyspiański und Reymont gezählt werden. Diese brachten das Kulturleben aus den aristokratischen, elitären Salons in Kneipen und Cafés. In der »Jama Michalika« gründeten sie das erste polnische Künstlerkabarett namens »Zielony Balonik« (Grüner Luftballon), das zum Vorbild für weitere Kabaretts in Polen wurde. Die von den Künstlern selbst gestalteten Eintrittskarten sind heute an den Wänden des Cafés zu bewundern. Diejenigen Gäste, die ihren Kaffee, Tee oder Absinth nicht zahlen konnten, fügten als Ersatz eines ihrer Kunstwerke dem Museumsbestand der »kawiarnia« hinzu.

Eines der bekanntesten Mitglieder der Künstlergruppe war Tadeusz Boy-Żeleński, der in seinen Feuilletons und Auftritten unter anderem die konservative österreichische Besatzungsmacht verspottete. Er kritisierte zudem die katholische Kirche und damit einhergehend auch das fehlende Recht der Frauen zur Abtreibung. Diese damals radikalen Positionen brachten ihm in seinen Kreisen und darüber hinaus bald den Ruf eines Enfant terrible ein. Neben seinen aufrührerischen Texten war er ein begabter Übersetzer französischer Literatur, weswegen seine Arbeiten bis heute fast unverändert verlegt werden.

Adresse Floriańska 45, 31-019 Kraków | **ÖPNV** Tram 2, 4, 14, 20, Haltestelle Teatr Słowackiego | **Öffnungszeiten** Mo–So 9–21 Uhr | **Tipp** Die Floriańska ist eine der Haupttouristenstraßen mit kuriosen Angeboten. Hier finden Sie unter anderem ein Katzenmuseum, ein Wachsmuseum, ein 7D-Kino, einen Escape-Room und ein Horrorhaus.

51_Jan Karskis Sitzbank

Einer, der niemals schweigt

Vor der Remuh-Synagoge und dem alten jüdischen Friedhof in Kazimierz sitzt ein Mann auf einer Bank. Er bewegt sich nicht und ist so still, wie er es zeit seines Lebens glücklicherweise nicht war. Als Jan Karski ist er bekannt und in Geschichtsbüchern auch als »der Mann, der den Holocaust stoppen wollte«. Er war Mitglied der »Polnischen Heimatarmee«, des Widerstands gegen die nationalsozialistischen Besatzer. Seine Aufgabe sah er darin, den Alliierten von den Zuständen im Warschauer Ghetto und in den Konzentrationslagern zu berichten. Diese kannte er, weil er sich hineinschmuggeln ließ und mit eigenen Augen das Leid und die Ermordung der Menschen sah.

Diejenigen aber, denen er zunächst in London und 1943 in den USA davon berichtete, darunter US-Präsident Roosevelt persönlich, nahmen ihn nicht ernst und sahen darin lediglich eine Übertreibung der polnischen Exilregierung. Wichtiger war ihnen der militärische Sieg gegen das Dritte Reich, die Polen würden ihr Land dann sowieso wiederbekommen. Noch im selben Jahr veröffentlichte Karski das autobiografische Buch »My Report to the World: The Story of a Secret State«, in dem er von seinem Leben und seinen Abenteuern im Untergrund erzählte. Es wurde ein Bestseller, doch Karski wurde dadurch vor den alliierten Regierungen nicht glaubwürdiger.

Nach dem Krieg blieb er in den USA und lehrte an der Georgetown University. Er erhielt unter anderem die höchste Auszeichnung der Zweiten Republik Polen, den Orden des Weißen Adlers, das Silberne Kreuz des polnischen Militärdienstordens Virtuti Militari und die Freiheitsmedaille des US-Präsidenten. Zudem ernannte ihn Yad Vashem zum »Gerechten unter den Völkern«. Ob ihm dies Genugtuung oder doch nur ein Trostpflaster war, ist unbekannt. Vielleicht flüstert er es uns auf der Bank zu? Bis dahin wacht er über Kazimierz – und muss hoffentlich nie wieder Ähnliches berichten.

Adresse Szeroka 40, 31-053 Kraków | **ÖPNV** Tram 3, 19, 24, Haltestelle Miodowa | **Tipp** Das viele Beobachten macht hungrig. Das Restaurant »Dawno Temu na Kazimierzu« (Es war einmal in Kazimierz) bietet jüdische Speisen und Kultur in den Räumen ehemals jüdischer Geschäfte. Im »Hamsa« nebenan gibt es hervorragenden Hummus.

52_Jan Matejkos Gutshaus

Wie einer der wichtigsten polnischen Maler wohnte

Inmitten von vier Hektar Park, perfekt gemähten Wiesen und alten Bäumen steht wie gemalt eine einstöckige Landresidenz. Des ehemaligen Besitzers Büste verrät uns, wem dieses Herrenhaus einst gehörte: einem der berühmtesten polnischen Maler des 19. Jahrhunderts, Jan Matejko. Als Interpret wichtiger historischer Ereignisse bannte er diese für immer auf die Leinwand des polnischen Gedächtnisses. Zu seinen wohl bekanntesten Werken gehören beispielsweise »Bitwa pod Grunwaldem« (Die Schlacht bei Grunwald), »Stańczyk« (ein Bild des Hofnarrs) oder »Hołd pruski« (Die Preußische Huldigung), das im Nationalmuseum der Stadt zu bewundern ist.

Sein Gutshaus ist ein wahres Kleinod. Die von Matejko entworfene und im Jahr 1826 erbaute Veranda sowie die Bank und Tür sind bis heute erhalten. Ein Schindeldach schützt wertvolle Exponate im Inneren des Hauses, wie die Truhe für Matejkos Zeichnungen, das Klavier seiner Frau sowie eine Reihe von Biedermeier-Möbeln. Matejko ist auch für seine Porträts von Angehörigen der Aristokratie bekannt. Zahlreiche Gemälde von ihm und Ludwik Leszko sowie Porträts des Krakauer Ehepaars Cybulski hängen an den Wänden und machen das Haus zum Kunstmuseum. Zu den wertvolleren Sammlungen gehören die polnischen Königsporträts. Eine anonyme Bilderserie, die Niemcewicz' »Historische Lieder« illustriert, ist das Werk von Matejkos Schülern Strojnowski und Papieski und gilt als eines der ersten Beispiele für Romantik in der polnischen Kunst. Es ist eine interessante Atmosphäre, die die Kombination aus Gemälden, Möbeln und Haushaltsgegenständen schafft: Die Stimmung eines Museums mischt sich mit dem Bewusstsein, dass dieses Haus einmal das Zuhause echter Menschen war.

Während das Augenmerk des seit 1966 bestehenden Museums freilich auf Matejko liegt, erinnert einer der Räume an einen anderen herausragenden Einwohner von Krzesławice, Hugo Kołłątaj.

Adresse Melchiora Wańkowicza 25, 31-752 Kraków | **ÖPNV** Tram 4, 15, 21, 22, Haltestelle Kombinat | **Öffnungszeiten** Fr–Mo 10–17 Uhr, www.palac-sztuki.krakow.pl | **Tipp** In der Nähe von Matejkos Gutshaus liegt der Zalew-See mit Strand und Park.

53 Das JCC

Die Zukunft der jüdischen Gemeinde Krakaus

Kazimierz, der Stadtteil Krakaus, dessen Geschichte(n) uns das verheerende Ausmaß des Holocaust direkt vor Augen führt – früher vibrierendes jüdisches Leben, danach nichts mehr. Oder doch? Und ob, denn mittendrin, zwischen Synagogen, Bars und Restaurants steht ein Haus, das diese Leere seit über einem Jahrzehnt zu füllen sucht und damit erfolgreich ist.

Die Geschichte ist nicht mehr zu ändern. Die Zukunft der jüdischen Community aber sei es, so Jonathan Ornstein, der Direktor des Jewish Community Centers in Krakau. Dies ist auch die Mission des JCC mitten in Kazimierz. Im April 2008 mit 80 Mitgliedern eröffnet, zählt es mittlerweile über 750 Mitglieder und kann sich stolz auf die Fahnen schreiben, ein Grund dafür zu sein, warum das jüdische Leben in Krakau wieder erblüht.

Ziel des Zentrums ist es, sowohl die Wahrnehmung Polens in der Welt als auch Polens Wahrnehmung von Juden zu ändern. Für jüdische und nicht-jüdische Besucher ist es eine Begegnungsstätte mit der jüdischen Kultur, der Geschichte, der Zukunft. Unter anderem gibt es hier die Möglichkeit, an Sabbat-Dinnern teilzunehmen, Beratungen zur Familiengeschichte zu beanspruchen und Vorlesungen und Diskussionen zu verschiedenen Themen zu besuchen. Ein Höhepunkt im Programm ist mittlerweile der jährliche »Ride For The Living«, eine 95-Kilometer-Radtour von Auschwitz zum JCC.

Viele Besucher des Zentrums haben gerade erst ihre jüdischen Wurzeln entdeckt, für sie werden dieses Gebäude und die Menschen oft zu einem zeitweisen Zuhause. Im »Jewish Education Program«, das nicht nur jüdischen Mitbürgern offensteht, lernen Teilnehmer in Kursen, Filmen und Vorträgen verschiedene Aspekte jüdischer Kultur kennen. Von Klein bis Groß finden hier alle Interessierten ihre Anlaufstelle: Familien, Kinder, Schüler, Studierende, Frauen, ältere Mitmenschen und Holocaust-Überlebende.

Adresse Miodowa 24, 31-055 Kraków | ÖPNV Tram 6, 8, 10, 13, 18, 22, 52, Haltestelle Stradom | Öffnungszeiten Mo–Do 10–20 Uhr, Fr 10–16 Uhr, Sa 10–18 Uhr, So 9–18 Uhr, office@jcckrakow.org, Tel. 0048/123705770 | Tipp Die Judaica Stiftung (Beera Meiselsa 17) ist eine polnische Bürgerinitiative, die ebenfalls die jüdisch-polnischen Beziehungen fördert und eine Begegnungsstätte mit der jüdischen Kultur ist. Höhepunkt ihres Programms sind unter anderem die Felix-Mendelssohn-Musiktage.

54 Das Juliusz-Słowacki-Theater

Ort des Dialogs und der Ideen

Im Jahr 1893 öffnete dieses prunkvolle Theater seine Tore und diente bald als Nationaltheater. Es gilt als eines der wertvollsten Beispiele für Theaterarchitektur in Europa, unter anderem deshalb, weil es das erste Gebäude Krakaus mit elektrischem Licht war. Der Architekt Jan Zawiejski hatte hinter dem Hauptgebäude ein als »Maschinenhaus« bekanntes kleines Haus gebaut, in dem Strom produziert wurde. Heute steht hier die »Miniatura«-Bühne. Das neue Theatergebäude sollte europäisch, national und krakauerisch zugleich sein: Zawiejski designte es eklektisch und orientierte sich zudem an der Wiener und der Garnier-Oper in Paris. Über dem Eingang ließ er die Inschrift befestigen: »Krakau den Nationalen Künsten«, und verzierte ihn mit Masken, die an die Sukiennice (Tuchhallen) referieren.

Von Beginn an diente das Theater als Geburtsstätte für zeitgenössische polnische Regie, Szenografie und Schauspiel. Das Besondere am Słowacki-Theater war das moderne Repertoire. Es wurden nicht nur die üblichen (polnischen) Verdächtigen gespielt, sondern beispielsweise auch Ibsen, Hauptmann, Wilde und Tschechow.

Heute versteht sich das Theater als Ort des Dialogs, wo sich Menschen nicht nur zu Theateraufführungen begegnen können. Beim »Sztuka Myślenia«-Projekt (Kunst des Denkens) beispielsweise treffen führende Denker, Autoren, Wissenschaftler und Kritiker einmal im Monat aufeinander, geben eine Theatervorstellung und diskutieren danach zusammen mit dem Publikum über das Thema des Abends. Frei jeglicher Ideologie, laut Homepage, wird über den Zustand der polnischen Gesellschaft allgemein sowie verschiedene im Fokus stehende Themen debattiert, um am Ende idealerweise eine Formel zu finden, die »albtraumhafte Lethargie« abzuschütteln, die schon von Wyspiański beschrieben und kritisiert worden war.

Adresse plac Świętego Ducha 1, 31-023 Kraków | ÖPNV Tram 2, 4, 14, 24, Haltestelle Teatr Słowackiego | Öffnungszeiten je nach Vorstellung, Infos dazu unter www.teatrwkrakowie.pl | Tipp Wer wissen will, wie es um die Poesie und Literatur der Stadt steht, findet jeden Sonntag im Słowacki-Theater den Krakauer Poesie-Salon.

55 Das Kasza-Restaurant

Ein altpolnisches, fast vergessenes Dessert

Ab dem 13. Jahrhundert begann der Handel auf der sogenannten Tartarenroute, die vom heutigen Feodossija auf der Krim unter anderem durch Lemberg und Krakau führte. Mit den armenischen und jüdischen Händlern erreichten die ersten wertvollen Gewürze und Rüben Krakau. Was diese Händler außerdem mit sich brachten: Mohn, Sorbets (gefrorene Fruchtsäfte), getrocknete Früchte und Nüsse, Marmelade (damals in Honig gebratene Früchte), Nougats, Makagigi (Kekse aus Honig, Mohn, Nüssen, Mandeln), Halwa. Östliche Methoden der Fleischzubereitung fanden ebenfalls ihren Weg in die polnische Küche, wie das Beizen und Hacken, Spieße und Tartar.

Und auch den Buchweizen (»kasza«) brachten sie mit. Wenige Jahrhunderte später war das Getreide schon voll in die polnische Kultur integriert: Der Nationaldichter Adam Mickiewicz beschrieb »kasza« als eine der Getreidesorten, die die heimatlichen Felder ausmachten. Auch am königlichen Hof von Kazimierz dem Großen (14. Jahrhundert) mochte man diese Getreideart. Eine speziell zubereitete, süße Buchweizenspeise war das Lieblingsdessert der Königstochter Anna Jagiellońska und wurde als »königliches kasza« serviert.

Wer sich das Dessert selbst zubereiten möchte, findet das dazu benötigte »kasza krakowska« auf einem der Bauernmärkte, zum Beispiel auf dem Plac Na Stawach, oder im Bioladen. Der Buchweizen wird im ersten Schritt mit Eiweiß gekocht, dann im Ofen getrocknet, in Milch gekocht und schließlich im Ofen gebacken. Je nach Belieben können Rosinen und Früchte hinzugefügt werden. Diese altpolnische Süßspeise ist heutzutage in keinem Restaurant mehr zu finden – selbst im kasza-Restaurant »Dobra Kasza Nasza« nicht. Dafür können Sie hier den Buchweizen in allen sonstigen Variationen probieren. Beliebt ist das Getreide auch als »pierogi«-Füllung oder als einfache, aber gesunde Beilage zu Fisch und Fleisch, zu finden in jedem polnischen Restaurant.

Adresse Dobra Kasza Nasza, Rynek Główny 28, 33-332 Kraków | **ÖPNV** Tram 2, 8, 13, 18, 20, Haltestelle Teatr Bagatela | **Öffnungszeiten** So–Mi 12–22 Uhr, Do–Sa 12–23 Uhr | **Tipp** Dort, wo heute die Paulinerbasilika steht, befand sich bis ins 19. Jahrhundert die »Tartareninsel«. Der Verlauf der Weichsel war damals noch zweigeteilt, das Flussbett der »Alten Weichsel« verlief ungefähr entlang der Dietla-Straße. Auf dem Land zwischen der Flussgabelung existierte ein Kriegsgefangenenlager für Tartaren, daher der Name der Insel.

56 Das Kaufhaus Jubilat

Der älteste Konsumtempel Krakaus

Schon von Weitem leuchtet dem Spaziergänger der Name des Kaufhauses in orangen Großbuchstaben entgegen: JUBILAT. Daneben das Logo, der Helm Merkurs, des Patrons der Kaufmänner, auf orangem Hintergrund. Was soll an einem Kaufhaus, oder wie man heute sagt, einer »Shopping Mall« so besonders sein? In Krakau gibt es unzählige davon, eines größer und luxuriöser als das andere. Das Jubilat sticht jedoch tatsächlich hervor: durch sein Alter, das Angebot, den Ausblick.

1969 eröffnete es als das erste Handelscenter Krakaus. Während draußen das sozialistische System zugrunde ging und Polen eine freie Marktwirtschaft etablierte, veränderte sich innerhalb des dreistöckigen Kaufhauses nur wenig. Noch immer finden Kunden hier alles, was ihr Konsumherz begehrt. Im Erdgeschoss ist der Lebensmittelladen, der nicht nur durch seine riesige Süßigkeitenauswahl besticht, sondern auch durch zahlreiche andere Delikatessen wie Käse, Brot, Fleisch und Fisch frisch von der Theke. Und das rund um die Uhr. Im ersten Stock gibt es Haushaltswaren, Dekorations- sowie Kosmetikartikel aller Art. Im »piętro II« verkaufen sie Handtaschen, Kinderklamotten und Schuhe. Das oberste Stockwerk ist eleganter Kleidung für Frau und Mann zu jedem Anlass gewidmet. Einkaufen macht hungrig und durstig. Vielleicht lassen Sie sich auch einen Schlüssel nachmachen oder müssen bei einer der zahlreichen anderen Dienstleistungsbuden warten? Perfekt, dass im fünften Stock des Jubilat ein Restaurant die ersehnte Erfrischung bietet. Bei einem »piwo z sokiem« oder einer ganzen Mahlzeit lässt sich der wunderbare Ausblick auf Wawel und Weichsel am besten genießen, den das Restaurant »Vidok« bietet.

Was also macht das Jubilat so schön? Es ist erstens das Rundumpaket, aber auch die heutzutage außergewöhnliche Tatsache, dass dieses Kaufhaus nach über 50 Jahren noch immer existiert.

Adresse Aleja Zygmunta Krasińskiego 1, 31-111 Kraków, Restaurant »Vidok« im 7. Stock über dem Einkaufscenter (Aufzug rechts vom Haupteingang) | **ÖPNV** Tram 1, 2, Haltestelle Jubilat | **Öffnungszeiten** Mo–Fr 9–20 Uhr, Sa 9–19 Uhr, www.jubilat.com.pl | **Tipp** Wer sich für zeitgenössische Mode und Design von polnischen unabhängigen Designern, Künstlern und Musikern interessiert, sollte mal bei »IDEA FIX« in der Stradomska 16 vorbeischauen.

57 Das Kino Pod Baranami

Für Kinoliebhaber und alle, die es werden wollen

Dieses Kino ist klein, es hat »nur« drei Säle. Die Größe bestimmt die feine Auswahl des Programms – immerhin können nicht einfach alle Filme gezeigt werden. Das Schöne an diesem Kino ist, dass es Arthouse-Filme aus aller Welt im Original mit polnischen Untertiteln zeigt. Für gewöhnlich sind nicht-polnische Produktionen nämlich nicht »gedubbt«, sondern durch ein Voiceover bearbeitet: Darin spricht ein und derselbe »lektor« jede Figur, egal ob Kind, Frau oder Mann jeden Alters. Egal ob im Original jemand romantisch hauchend seine Liebe gesteht oder vor Wut schreit – der »lektor« fasst in seiner monotonen Stimme das Gesagte zusammen und überlässt den Schauspielern die Dramatik. Wer sich auch für polnisches Kino interessiert – und es gibt genug Gründe dafür –, kann sich hier, im »Kino unter den Bögen«, die neuesten Filme im polnischen Original mit englischen Untertiteln ansehen. Besonders empfehlenswert natürlich für alle Schüler des Polnischen!

Die erfolgreichste Produktion des polnischen Kinos zu sozialistischen Zeiten war übrigens Roman Polanskis »Das Messer im Wasser«, es machte sowohl ihn als auch das polnische Kino durch eine Oscar-Nominierung auf einen Schlag weltbekannt. Auch in den letzten Jahren konnte das polnische Kino international punkten: Die Produktionen »Ida« und »Cold War« waren beide für Oscars nominiert, »Ida« gewann sogar als bester ausländischer Film.

Auch das Kino Pod Baranami wurde ausgezeichnet: Im Jahr 2009 mit dem Preis als »Bestes Programmkino Europas«, seither ist es eine feste Institution in der Krakauer Kulturlandschaft. Im Sommer organisiert das Kino hier übrigens ein über neun Wochen dauerndes Filmfestival, bei dem über 130 Titel gezeigt werden, jede Woche dominiert ein anderes Thema. Zudem ist es, neben vielen anderen Lokalitäten in Krakau, Gaststätte des »OFF Camera«, eines der größten Independent-Film-Festivals Europas.

Adresse Rynek Główny 27, 31-010 Kraków | **ÖPNV** Tram 2, 4, 8, 13, 14, 15, 18, 20, 24, Haltestelle Teatr Bagatela | **Öffnungszeiten** je nach Spielzeiten, www.kinopodbaranami.pl/english.php | **Tipp** Das KIKA kinokawiarnia in Podgórze (Ignacego Krasickiego 18) ist eines der jüngsten Programmkinos in Krakau und bietet neben ausgesuchten Filmen (OT, OmU) auch ein Café und eine Bar, wo man sich über das Gesehene austauschen kann.

58 Der Kleine Markt

Ort der Verbrennung Katarzyna Weiglowas

Im Vergleich zu anderen europäischen Ländern gilt das Polen des 16. Jahrhunderts als eines der religiös tolerantesten seiner Zeit. Das von den Herrschern unterstützte friedliche Zusammenleben der verschiedenen Konfessionen und Ethnien ist eine der positiven Erzählungen aus jener Zeit.

Dabei wird gern die Tatsache beiseitegelassen, dass bei Verleugnung des christlichen Glaubens oder einer Konversion die Todesstrafe drohte. Diese wurde bis ins Jahr 1668 vollstreckt. Das 1572 eröffnete, erste reformierte Gebetshaus in Krakau wurde nicht mal 20 Jahre später nach wiederholten Plünderungen und Beschädigungen völlig zerstört. Ab 1624 konnten Protestanten in Krakau auch kein Bürgerrecht mehr erwerben. Lutherische Schriften waren schon seit 1520 verboten. Von Repressionen und Gewalt gegen jüdische Mitbürger muss hier erst gar nicht geschrieben werden.

Einer der wenigen dokumentierten Fälle der Bestrafung einer konvertierten Person ist jener der Bürgerin Katarzyna Weiglowa. Über deren Leben ist wenig bekannt, sie soll allerdings zum jüdischen Glauben konvertiert sein und das Dogma der Heiligen Dreifaltigkeit abgelehnt haben. Mit 70 Jahren stand sie vor dem Bischofsgericht und zu ihrem neu gefundenen jüdischen Glauben. Diese Glaubenstreue bestraften die Richter zunächst mit 10 Jahren Gefängnis. Nachdem sie diese Zeit abgesessen hatte und sich noch immer weigerte, ihren Glauben aufzugeben, wurde sie am 19. April 1539 auf dem Kleinen Marktplatz am Scheiterhaufen verbrannt.

Heute findet man an dem Platz keinen Hinweis auf dieses (vermeintlich) einzigartige Ereignis. Die Erinnerung an die tapfere, glaubensstarke Weiglowa kann nur in der Erzählung ihrer Geschichte weiterleben. Was Sie dagegen hier finden, ist eine Pause vom Trubel auf dem »großen« Marktplatz, allerlei Restaurants, Bars und Clubs sowie regelmäßige Märkte mit lokalen Leckereien und Produkten.

Adresse Mały Rynek, 31-041 Kraków | ÖPNV Tram 1, 2, 3, 10, 15, 20, 24, 52, Haltestelle Poczta Główna | Tipp Zwischen Hauptmarkt und Kleinem Markt liegt die Cafébar »Magia«, deren grüner Innenhof und Kellergewölbe zum Verweilen einladen.

59 Die Koletek-Straße

Beginn des Krakauer Aufstands

In dieser unauffälligen, leicht übersehbaren Straße neben dem Wawel fielen in der Nacht vom 21. auf den 22. Februar 1846 die ersten Schüsse des Krakauer Aufstands. Nach dem gescheiterten Novemberaufstand 1830 fand die polnische Unabhängigkeitsbewegung oder auch »Verschwörung« ihr Zentrum in Krakau. Die »Polnische Demokratische Gesellschaft« sprach seit den 1840er Jahren vermehrt von einem erneuten Aufstand, und 1845 stand der Plan. Wegen der brodelnden revolutionären Stimmung schickte die österreichische Regierung im Februar 1846 ein 1.000 Mann starkes Korps nach Krakau. Von außerhalb der Stadt drangen Gerüchte über einen Aufstand der Bauern herein, es hieß, dass diese gewaltsam gegen ihre adeligen Herren vorgingen und sehr viele von ihnen töteten.

Trotz der beunruhigenden Nachrichten nahmen die Aufständischen den Kampf auf, und es gelang ihnen sogar, Krakau einzunehmen. Die neue Nationalregierung der Republik Polen unter Tyssowski übernahm alle Behörden und gründete einen Ministerrat. Zudem gab sie ein von Karol Libelt verfasstes Manifest heraus, in dem er unter anderem die Befreiung der Bauern sowie die vollständige Gleichberechtigung jüdischer Mitbürger verkündete. Trotz geringer Chancen auf Sieg gründeten Tyssowski und Co. eine eigene Armee, der es zwar nicht an Freiwilligen mangelte, aber an Waffen und ausgebildeten Militärs. Am 27. Februar wurde einer der Vordenker der Revolution, Edward Dembowski, erschossen. Dieser Tod und weitere Niederlagen veranlassten die aufständische Regierung unter Tyssowski, Krakau zu verlassen und sich den in der Nähe stationierten Preußen zu ergeben.

Das Land kämpfte gegen den Adel, die Stadt gegen ihre österreichischen Besatzer, und Letztere profitierten schließlich von den Tumulten: Nach der Niederschlagung der Aufstände konnten sie nun die zuvor »Freie Stadt« Krakau ganz einnehmen. Das Haus Nummer 10 ist aus dem Jahr 1832, wenige Jahre vor dem Aufstand erbaut.

Adresse Koletek, 31-069 Kraków | **ÖPNV** Tram 6, 8, 10, 13, 18, Haltestelle Stradom | **Tipp** An den unrühmlich ausgehenden Aufstand gibt es so gut wie keine Erinnerungsorte, allein Dembowski bekam ein Denkmal in Podgórze. – Eine Seitenstraße von der Koletek (Świętej Agnieszki 9) entfernt finden Sie den »Cosmic Minigolf Pub« mit beleuchteten Minigolfanlagen.

60 Die Kołłątaj-Universität

Ein Kämpfer für mehr Freiheit und Rechte

Der Namensgeber dieser Universität, Hugo Kołłątaj, promovierte in Krakau in Philosophie, später in Wien und Rom auch in Recht und Theologie, und empfing anschließend die Priesterweihe. Er war aktives Mitglied der Nationalen Bildungskommission, die am 14. Oktober 1773 gegründet wurde (heute ist dies der Tag der Bildung in Polen). Von 1782 bis 1786 war er Rektor der Jagiellonen-Universität. Im Rahmen dieser Stellung und der Kontakte zur Kommission führte er Reformen durch, die unter anderem Seminare über polnische Literatur vorsahen.

Zudem hatte Kołłątaj 1776 die Gründung einer landwirtschaftlichen Abteilung angestoßen. Seine Vision wurde allerdings erst Jahrzehnte später realisiert, zwischendurch pausiert und endete schließlich Anfang des 20. Jahrhunderts mit dem Bau dieses imposanten Gebäudes, das heute das Rektorat und den Senat der Agrarwissenschaftlichen Universität beherbergt. Neben einem Denkmal im Park Jordana ist diese Universität unter seinem Namen eine der wenigen Erinnerungen an Hugo Kołłątaj.

Weil sich Hugo Kołłątaj an den Vorbereitungen des Kościuszko-Aufstands beteiligte und sich überhaupt für eine Verbesserung der Lebensbedingungen der Menschen einsetzte, war er auch bekannt unter dem Namen »Robespierre in einer Soutane«.

Der engagierte Hugo war außerdem Mitverfasser der Konstitution vom 3. Mai 1791, die zweite Verfassung der Welt und die erste Europas, die die Organisation des Staates, der Rechte und Pflichten seiner Bürger beinhaltete. Darin forderten die Urheber ein Ende der Leibeigenschaft, das Ende des Liberum-Veto-Prinzips, nach dem Polen bisher regiert worden war, und mehr Rechte für Stadtbewohner und Bauern. Dieses gefeierte Ereignis wird auch »der letzte Wille eines sterbenden Vaterlands« genannt. Nur ein Jahr später fand die erste Teilung Polens statt.

Adresse aleja Adama Mickiewicza 21, 31-120 Kraków | ÖPNV Bus 164, 169, 179, 189, 192, 304, 503, Haltestelle AGH/UR | Öffnungszeiten nur von außen zu besichtigen | Tipp Das Café »Pójnarówka« (Mickiewicza 21B) sieht einem Gewächshaus ähnlich. Pflanzen und Kunstausstellungen sorgen für ein angenehmes Flair zu Kaffee und Kuchen.

61 Die Kościuszko-Gedenktafel

Der heldenhafte Anfang vom Ende Polens

Diesen Helden verehrt die ganze Welt! In Polen benannte man jede größere Straße nach ihm, in Amerika stehen Dutzende Denkmäler und in Australien sogar ein ganzer Berg. Was hat es nur mit diesem Tadeusz Kościuszko auf sich?

Sein Kampf für Polens Unabhängigkeit und gegen die Teilungsmächte begann am 24. März 1794 in der Kapelle des Kapuzinerklosters, in der sein Breitschwert gesegnet wurde. Noch am selben Tag rief er am Marktplatz Krakaus den Aufstand gegen die russischen und preußischen Teilungsmächte aus. In dieser Rede erhob er sich selbst zum »Diktator«, ein Brauch nach römischem Vorbild, der den Übergang zu einer rechtmäßigen Regierung regeln sollte. Auch in Kazimierz warb Kościuszko um personelle und finanzielle Unterstützung der jüdischen Einwohner Krakaus, die er zu einem wichtigen Teil der Stadt und ganz Polens zählte.

Den Aufstand hatte die erzwungene Reduktion und Auflösung der polnischen Armee durch die Teilungsmächte der Zweiten Teilung 1793 ausgelöst. Die Brigade des Generals Madaliński wehrte sich dagegen und marschierte nach Krakau – das Zeichen, auf das die Organisatoren des Aufstands, polnische Patrioten in Sachsen, gewartet hatten. In diesem Aufstand kämpfte ein Kontingent von Bauern mit umgeschmiedeten Sensen – mit denen sie bei Racławice einen Sieg gegen eine russische Abteilung errangen. Zu Ehren der »Sensenmänner« soll Kościuszko daraufhin seine Generalsuniform abgelegt und ein einfaches Bauernkleid angelegt haben. Die weiteren Schlachten des Aufstands endeten in Niederlagen, zuletzt machten russische Truppen in Warschau sowohl einem Großteil der Zivilbevölkerung und damit auch dem Aufstand endgültig den Garaus. In der Folge kam es 1795 zur dritten und radikalsten Teilung Polens.

Adresse Loretańska 14, 31-116 Kraków | ÖPNV Tram 2, 4, 8, 13, 14, 15, 18, 20, 24, Haltestelle Teatr Bagatela | Tipp Im »Józef Czapski-Pavillon« (Piłsudskiego 12) befindet sich das Café und Restaurant »Petite France« mit französischen Delikatessen und Garten.

62 Der Kraftstein

Eines der sieben Chakren der Welt

Der Wawel ist eine der größten Touristenattraktionen der Stadt. Hier liegen Polens Helden, Nationaldichter, Denker und Könige begraben. Doch deren Ruhestätten sind nicht das Einzige, was diesen Ort so mystisch macht und Menschen aus aller Welt anzieht: Im Felsen unter der Burg befindet sich einer Legende nach einer von sieben sagenumwobenen »Chakra-Steinen« der Erde. Diesen Steinen hauchte Shiva, eine der hinduistischen Hauptgottheiten, zunächst göttliche Kraft ein und verstreute sie dann über die Erde. An jedem Ort, an dem einer der Steine landete, sollte eine prächtige Stadt entstehen, die von besonderer Rolle für die Weltgeschichte sein würde. Steine landeten der Erzählung nach unter anderem in Rom, Jerusalem und Mekka. Von der Kraft, die sie ausstrahlten, würden die Städte bis ans Ende dieses Weltzeitalters geschützt sein.

Es existieren viele Legenden über den Krakauer Kraftstein. Keiner kennt deren genauen Ursprung und Wahrheitsgehalt, aber vielleicht macht genau das die besondere Anziehungskraft solcher Geschichten aus. Unter anderem soll auch Fürst Kasimir der Erneuerer (Herrschaft 1034–1058), Enkel des polnischen Staatsgründers Bolesław Chrobry und Mieszkos I., ein Erlebnis mit dem Stein gehabt haben. Er entdeckte den leuchtenden monolithischen Block und legte seine Hand darauf. Daraufhin soll eine geheimnisvolle Stimme ihm die Errichtung seines Königshofs auf dem Wawel sowie die Ernennung Krakaus zur Hauptstadt geboten haben. Und so geschah es dann auch. Der Besuch der unterirdischen Kirche Sankt Gereon, die dem Ort des Chakras am nächsten kam, wurde Anfang der 2000er Jahre verboten. Daraufhin berührten Pilger die Außenwand der Kirche, was erneut wegen der angeführten Verschmutzung zu Widerstand der Konservatoren des Schlosses und zu einer Sperrung des Zugangs zu besagter Wand führte. Heute sind die Relikte der romanischen Kirche Sankt Gereon wieder öffentlich zugänglich.

Adresse Wawel, St.-Gereon-Kapelle in der nordwestlichen Ecke des Schlosshofs, 31-001 Kraków | ÖPNV Tram 6, 8, 10, 13, 18, Haltestelle Wawel | Öffnungszeiten Mo 9.30–13 Uhr, Di–So 9.30–19 Uhr (Juli, Aug.), 9.30–17 Uhr (Sept., Okt.) | Tipp Vor dem Wawel am Ufer der Weichsel befindet sich der Krakauer »Walk of Fame«.

63 Die Krakowska 19

Engagement und Aufklärung

Der »am weitesten links gelegene« Punkt der Stadt, so schrieb es einmal eine Krakauer Zeitung, befindet sich hier in der Krakowska 19. Hier treffen sich Menschen, die sich für Feminismus, Menschenrechte und Antidiskriminierung interessieren und einsetzen. Ein außergewöhnlicher Ort, der für jegliche soziale Innovation offen ist und der Platz bietet für Workshops, Gruppentreffen, Konferenzen. Dieses Haus ist Heimat unter anderem der »Fundacja Kobieca« (eFKa), eine der ältesten feministischen Organisationen Polens, sowie anderer Stiftungen und Künstlerateliers.

Die Power der Polinnen wurde in den letzten Jahren international bekannt. Im Herbst 2020 ging ein roter Blitz um die digitale Welt. Er wurde Zeichen des Protests gegen die Verschärfung des polnischen Abtreibungsrechts. Menschen auf der ganzen Welt solidarisierten sich mit den Polinnen, sahen deren Stärke. Nicht aus positivem Anlass, aber wann geht man schon aus einem Glückszustand heraus protestieren?

Für derlei Bewegungen bietet die »Fundacja Kobieca« eine Anlaufstelle, sowohl zum Engagieren als auch Informieren. In einem ihrer Projekte erinnert die Krakowska 19 beispielsweise an die ersten polnischen Frauen, die vor über hundert Jahren, 1919, zum ersten Mal wählen durften. Die Suffragetten, pazifistische Frauen, die staatlichen Chauvinismus und Krieg als Konfliktlösung ablehnten, gründeten 1915 auf einem Kongress in Den Haag die WILPF, eine Organisation, die bis heute besteht. Auch fünf polnische Frauen waren darunter, unter anderem Zofia Daszyńska-Golińska und Maria Dulębianka.

Wer sich informieren oder austauschen will, ist herzlich dazu eingeladen, vorbeizuschauen (hier wird auch Englisch gesprochen!). Interessierte können sich außerdem in der offenen Facebook-Gruppe unter dem Namen der Stiftung vernetzen und über Veranstaltungen, Gruppen und Organisationen informieren.

Adresse Krakowska 19, 31-062 Kraków | **ÖPNV** Tram 6, 8, 10, 13, 18, 22, 52, Haltestelle Stradom | **Öffnungszeiten** Di und Do 10 – 14 Uhr, mehr Infos unter www.efka.org.pl, Kontakt über efka@efka.org.pl | **Tipp** Ein wenig die Straße hinunter Richtung Weichsel befindet sich das Café »Literacka«, in dem man das Buch gleich zum Kaffee dazu bestellen kann.

64 Die Krupnicza 22

Das Haus der Schriftsteller

Von 1945 bis 1995 befand sich unter dieser Adresse das »Haus der Literaten«, das zur »Vereinigung Polnischer Schriftsteller« gehörte, auch bekannt als »Haus der vierzig (genialen) Dichter« (»Dom 40 Wieszczów«). Hier wohnten über die Jahre hinweg unter anderen Konstanty Ildefons Gałczyński, Stefan Kisielewski, Bronisław Maj, Julia Hartwig, Tadeusz Różewicz und Wisława Szymborska. Es scheint, als hätte jeder polnische Dichter jener Zeit, der auf sich hielt, einmal unter dieser Adresse gelebt.

Die sozialistische Regierung beschlagnahmte das Haus 1945 und öffnete es als Versammlungspunkt und Wohnort für Autoren. Es kursieren viele Geschichten darüber, unter anderem folgende: Als Stalin starb, sperrte man alle versammelten Schriftsteller ein und ließ sie nicht nach Hause gehen, bevor nicht ein jeder und eine jede einen Lob- oder Trauergesang auf den Verstorbenen geschrieben hatte. Am nächsten Tag war die Krakauer Tageszeitung voll von schönen Worten über Stalin.

Sławomir Mrożek, der ebenfalls in der Krupnicza 22 wohnte, soll laut Mitbewohnern ein »fürchterlicher Sonderling« (mit den Worten Kisielewskis) gewesen sein. Er saß und arbeitete Tag und Nacht und verließ sein Zimmer so wenig wie möglich. Man munkelte, dass ihm sogar zum Ofenanheizen die Zeit zu schade gewesen sei. Andere wiederum erzählen sich, er habe einfach Angst gehabt, seinen Nachbarn zu begegnen. Als er 1960 das Haus (und dann auch Polen) verließ, verbrannte er seine Manuskripte und Zeichnungen, so als wollte er jegliche Spur seiner Anwesenheit für immer löschen.

Der einzige Hinweis auf dieses literaturhistorisch bedeutende Haus findet sich heute in einer an der Mauer befestigten Erinnerungstafel, auf der ein paar Sätze zum Hintergrund des »Dom Literatów« stehen. Angeblich gibt es schon Pläne für eine Restitution des Literaturhauses sowie die Eröffnung einer Galerie über die damaligen Bewohner.

Adresse Krupnicza 22, 33-332 Kraków | ÖPNV Tram 2, 4, 8, 13, 14, 15, 18, 20, 24, Haltestelle Teatr Bagatela | Öffnungszeiten nur von außen zu besichtigen | Tipp Die »Dynia Restobar« im Erdgeschoss des Hauses bietet leckere Pasta und Salate sowie einen wunderschönen grünen Innenhof. Ein guter Ort, um selbst ein wenig zu lesen oder zu schreiben.

65 Der Kunstgarten

Beispiel einer gelungenen Integration

Krakau ist eine Stadt der Integration. Wer jetzt verwundert ist, weil es doch gern auch heißt, es handele sich um eine konservative, altmodische Stadt, der hat sich getäuscht. Krakau hat, mal mehr, mal weniger freiwillig, alles integriert, was da kam – seien es neue Besatzer, neue Stadtteile, neue Kunst- und Architekturrichtungen. Und während es vielerorts nicht gelingt, das Neue in das Alte einzugliedern und Letzteres stattdessen einfach plattgemacht wird, wurden in Krakau vielfach moderne Bauten mit der Poesie der alten Architektur vereint. Der MOS (Małopolski Ogród Sztuki) ist ein sehr gutes Beispiel dafür.

Geht man die Rajska-Straße entlang, sticht dieser Bau zunächst nicht hervor, so unauffällig sind das Glas und die Gestaltung des Eingangsbereichs, der den hundert Jahre alten Ziegelsteinen der rekonstruierten Originalwand nachempfunden ist. Die Architektur dieser Institution integriert die Natur, sie lässt ihr Raum, gen Sonne zu streben. Ein Motto, das sich auch auf die Kunst im Inneren übertragen lässt: Der MOS soll ein offener Ort sein. Er gehört zum Słowacki-Theater und ist nach eigenen Angaben sogar dessen »experimentellster Raum«. Das Äußere des Theaters spiegelt seinen Inhalt wider: Neue Künste treten in Synthese mit den klassischen; Sound wird mit Theater, Installationskunst und Multimedia verbunden.

Auf dem Gelände des MOS, zwischen Rajska- und Szujskiego-Straße, befanden sich vor 1906 eine Rollschuhbahn sowie eine Reitarena. Dann wurde es in ein Volkstheater umgewandelt, das sogleich einen fulminanten Auftakt feierte. Weil sich viele bedeutende Dramatiker, darunter auch Stanisław Wyspiański, in Konflikt mit dem Direktor des Stadttheaters (heute: Słowacki-Theater) befanden, traten diese auf der Bühne in der Rajska-Straße auf. Diese war Sprungbrett für Schauspieler und Regisseure wie beispielsweise Stefan Jaracz und Juliusz Osterwa.

Adresse Rajska 12, 31-124 Kraków | **ÖPNV** Tram 2, 4, 8, 13, 14, 15, 18, 20, 24, Haltestelle Teatr Bagatela | **Öffnungszeiten** je nach Ausstellung oder Aufführung, Infos unter www.mos.art.pl/en | **Tipp** Wer auf gute Filme steht, sollte sich das »OFF Camera Festival« merken, auf dem Hunderte von Filmen in der ganzen Stadt gezeigt und abends kostenlose Konzerte angeboten werden sowie Stars auch aus der internationalen Filmszene kommen. Der MOS ist einer der Veranstaltungsorte.

66 Die Lelewela Nummer 6

Studieren unter Lebensgefahr

Diese Adresse kannten nur die Eingeweihten: Im Haus Nummer 6 dieser Straße lehrten und lernten mutige Polen während des Zweiten Weltkriegs unter Lebensgefahr. Eine Gedenktafel erinnert an einen Arzt und dessen Tochter, die hier Medizinvorlesungen im Untergrund organisierte.

Polen sollte nach dem Willen Hans Franks ein reines »Arbeiterreservoir« ohne jegliche Intelligenz werden. Himmler ließ anordnen, dass es keine höhere Bildung als die Volksschule geben sollte, in der die Menschen bis 500 rechnen und ihren eigenen Namen schreiben lernten. Lesen hielt er »nicht für erforderlich«. Die Angst vor der Dekulturation und Entnationalisierung der Polen, das erklärte Ziel der Nationalsozialisten, führte zu einer nie gekannten Solidarität zwischen den verschiedenen Gesellschaftsschichten. Vom Bauern zum Gutsbesitzer und Unternehmer halfen alle der bedrohten Intelligenz des Landes, manche mit Naturalien, andere mit Geldspenden.

In Krakau erhielten alle wichtigen Fachbereiche und Institute Decknamen, die Universität wurde zur »Genossenschaft«: Professoren waren die »majster«, Studenten die »członkowie«, also Mitglieder der Genossenschaft, und der herzustellende Gegenstand war das zu behandelnde Thema. Der Satz »Heute spielen wir kein Bridge« bedeutete allerhöchste Gefahr.

Übrigens: 1929 waren 40 Prozent der Akademiker jüdische Polen. Ab 1933 führten die Zuständigen einen strengeren Minderheiten-Numerus-clausus ein, der den Anteil der jüdischen Studierenden von 25 auf zehn Prozent senkte. Konkurrenzdenken und Angst vor Arbeitslosigkeit führten zu einer ausgeprägten antisemitischen Stimmung, und auch die katholische Kirche unterstützte diese Atmosphäre: Bei einer Pilgerfahrt nach Częstochowa beteten die Studenten nicht nur für den Aufbau eines katholischen Polens, sondern auch dafür, dass die Juden den polnischen Boden verlassen mögen.

Adresse Marcina Borelowskiego-Lelewela 6, 30-108 Kraków | ÖPNV Tram 1, 2, Haltestelle Komorowskiego | Tipp Das »Büro« des Dekans Professor Dr. Mieczysław Małecki befand sich in einem der Gebäude an der Podwale-Straße gegenüber einer SS-Kaserne, offiziell war er Mitarbeiter in einer Außenstelle des nationalsozialistischen »Instituts für Deutsche Ostarbeit«.

67 Der Liban-Steinbruch

Ein Lost Place mit Requisiten aus »Schindlers Liste«

Ursprünglich baute man in diesem Steinbruch Kalkstein ab, initiiert von der Firma »Liban und Ehrenpreis« im Jahr 1873. Um das Produkt in die Welt zu verteilen, entstanden Gebäude und sogar eine Eisenbahnstation, die Industrialisierung hatte auch Krakau erreicht. Als die Nationalsozialisten Krakau besetzten, wurde aus dem Steinbruch ein Arbeitslager, in dem zwischen 1942 und 1944 weiterhin Kalkstein abgebaut wurde. Über 800 Polen und Ukrainer wurden hier während des Zweiten Weltkriegs gefangen gehalten, doch diese Geschichte ist relativ unbekannt.

Der Steinbruch wurde vor allem »wiederentdeckt«, da Steven Spielberg für seinen berühmten Film »Schindlers Liste«, der 1993 in die Kinos kam, die Szenen, die im Konzentrationslager von Płaszów spielten, mit den entsprechend aufgebauten Kulissen hier drehen ließ. Die Kulissen baute man nach dem Dreh wieder ab, hinterließ allerdings – ob absichtlich oder unabsichtlich ist nicht bekannt – Reste davon. Beispielsweise stehen noch Teile des Zauns, und kommt man dem Steinbruch näher, kann es passieren, dass man aus Versehen auf jüdische Grabsteine tritt – die allerdings ebenfalls »nur« aus dem Film stammen. Warum gerade sie stehen gelassen wurden, bleibt ein Rätsel. Eine eigentümliche Atmosphäre, in der Film und Realität, Fiktion und Geschichte verschwimmen. Der Zaun erfüllt immer noch seinen Zweck: Er hält Neugierige von unerlaubten Besuchen ab, oder zumindest sollte er es. Lost-Places-Touristen lassen sich nämlich normalerweise weder von Zäunen, zugemauerten Türen noch sehr hohen Wänden abhalten. Es handelt sich hier um keine Touristenattraktion, die normal begehbar ist und die deswegen höchstens aus der Ferne betrachtet werden sollte. Wollen Sie den Steinbruch also besichtigen, empfiehlt sich ein Spaziergang zum Krakus-Hügel, der sich in dessen direkter Nähe befindet und einen schönen Ausblick auf Krakau bietet.

Adresse Za Torem 22, 33-332 Kraków | ÖPNV Tram 3, 6, 11, 13, 24, Haltestelle Podgórze SKA | Tipp In der Nähe des Steinbruchs, in Richtung Bonarka-Center, steht das monumentale »Denkmal für die Opfer des Faschismus« – eine Verlängerung des Spaziergangs wert.

68 Die Lieblingsbank

Wo der Papst schon als Student betete

Wer Fan von Johannes Paul II. ist, der kennt vermutlich sowieso jeden Stein, auf dem er in Krakau wandelte. Es gibt extra Touren, die Teilnehmer von seinen Ursprüngen als Student namens Karol Wojtyła bis zu den Orten führen, an denen er als Papst in roten Schuhen auf Krakauer Boden trat. Ein Ort, wo Sie ihm sehr nahe kommen können, ist seine Lieblingsbank in der Basilika des heiligen Franziskus von Assisi. Dort, beleuchtet von den bunten Farben der Glasfenster Wyspiańskis oder auch in der Dunkelheit, kehrte er in sich.

Man kann sich gut vorstellen, wie Karol hier auf seiner Bank auf seinem Stammplatz saß, betete und dabei wie alle anderen Gottesdienstbesucher in den Rhythmus und die Feierlichkeit der katholischen Messe oder der Stille der leeren Basilika versank. Seine besondere Beziehung zu diesem Gotteshaus geht zurück ins Jahr 1938, in die Studentenzeit Wojtyłas. Schon damals kam er gern und oft zum Beten hierher. Er schätzte die Nähe zur Polonistik-Fakultät in der Gołębia und besonders die andächtige Atmosphäre einer der ältesten gotischen Kirchen Krakaus aus dem 13. Jahrhundert. Als er 1964 als Erzbischof in den benachbarten Bischofspalast einzog, wurden seine Besuche fast täglich. Irgendwann installierte man über der Lieblingsbank des berühmten Gastes auf der linken Seite des Hauptschiffs sogar eine Lampe. Heute erinnert ein metallenes Täfelchen an diese Besuche. Auf Polnisch steht darauf geschrieben: »Hier betete der Heilige Vater Johannes Paul II.«

Weniger still und mehr im Sonnenlicht ist das »Fenster des Papstes«. Von diesem Fenster über dem Tor zum Bischofspalast aus winkte er den Menschen auf der Straße zu; heute grüßt uns an seiner Statt sein Porträtbild.

Zwischen diesem Fenster und der Franziskusbasilika beteten im April 2005 Tausende von Gläubigen für die Gesundheit »ihres« Jan Paweł. Nur wenige Zeit später standen sie hier zur Mahnwache.

Adresse Plac Wszystkich Świętych 5, 31-004 Kraków | **ÖPNV** Tram 1, 6, 8, 13, 18, Haltestelle Plac Wszystkich Świętych | **Öffnungszeiten** Mo–Sa 10–16 Uhr, So 13.15–16 Uhr | **Tipp** An der Außenwand der Basilika erinnert eine Gedenktafel an den heiliggesprochenenen Maximilian Kolbe, der diesem Kloster angehört hat.

69 Der Lok-Friedhof

Dampfwolken und Kohlegeruch

Unweit des heutigen, renovierten Bahnhofs Kraków-Płaszów befindet sich ein mehrere Kilometer langes, historisches Zugdepot. Die Abstellgleise, auf denen diese Züge und Waggons stehen, sind schon lange außer Betrieb. Sie liegen verrostend da und erinnern an jene Jahre, als Züge noch mit Kohle beheizt wurden und man sie schon von Weitem an ihrer Dampfwolke erkannte. Damals, zu ihren aktiven Zeiten.

Diese begannen am Bahnhof Kraków-Płaszów im Jahr 1884. Ende des 19. Jahrhunderts gehörte dies alles zur österreichischen CLB, der Carl-Ludwig-Bahn. Nach dem Zweiten Weltkrieg erweiterten die Behörden den Eisenbahnknotenpunkt, bauten neue Hallen sowie Wohngebäude für Eisenbahnmitarbeiter. In den 1960er Jahren riss man das historische postösterreichische Gebäude des Bahnhofs ab und errichtete einen rechteckigen, funktionellen Bau. Heute werden einige Gebäude von PKP an private Unternehmen vermietet, andere sind leer, in manchen sind noch Eisenbahnwerkstätten untergebracht. Beeindruckend ist die Halle aus der Zwischenkriegszeit, in der sich heute ein Depot moderner Züge der Małopolska-Eisenbahnen befindet.

Eine der auf dem Abstellgleis stehenden Lokomotiven ist die »TY 51«, die schwerste polnische Dampflokomotive aus den 1950er Jahren. Das Design wurde amerikanischen Dampflokomotiven nachempfunden. Daneben steht eine weitere, sehr große Lokomotive. Bei dieser handelt es sich um das in Preußen hergestellte Modell »TK W2«. Es erreichte eine Geschwindigkeit von bis zu 50 Stundenkilometern – unvorstellbare, ungekannte Schnelligkeit für damalige Verhältnisse. Auf dem Abstellgleis daneben ruhen alte, rostige Wagen. Einer von ihnen diente zum Transport von Post, ein anderer trägt die Aufschrift »Rettungszug«. Teilweise lässt sich in den Waggons noch immer die hölzerne Innenverkleidung erkennen, auf deren nicht mehr vorhandenen Bänken einst Passagiere reisten.

Adresse Kolejowa 4, 30-805 Kraków | **ÖPNV** Tram 3, 9, 13, 49, Haltestelle Bieżanowska | **Öffnungszeiten** immer geöffnet | **Tipp** In der Nähe befinden sich eine Lasertag-Halle und ein Paintball-Gelände.

70_Das Luftfahrt-Museum

Alte Flugzeuge auf einem der ältesten Flughäfen Europas

Es ist schon erstaunlich, was der Mensch sich alles einfallen lässt, um vom Erdboden abzuheben. Verschiedene Entwicklungsstufen und deren technische Umsetzung lassen sich auf einem der ältesten Flughäfen Polens und Europas in Rakowice im Osten Krakaus bewundern.

Heute zeugen die alten Startbahnen, der Hangar und ein paar ältere Gebäude von der langen Geschichte dieses Areals. Schon seit 1892 wurde Rakowice als Standort für die Luftfahrt genutzt. Damals stationierte die österreichisch-ungarische Armee hier Beobachtungsballons, 1912 baute sie das Gelände zum Flugpark aus. Wenige Jahre später verband Rakowice Wien mit Kiew und Odessa und war eine der Etappen der ersten regulären europäischen Fluggesellschaft. Nach dem Ersten Weltkrieg entstand hier der erste Flughafen des unabhängigen Polen. Das Glück hielt bekanntlich nicht lange an. Im Zweiten Weltkrieg dann diente Rakowice den Deutschen als Luftwaffenstützpunkt für den Angriff auf die Sowjetunion. Seit 1963 ist der Flughafen für den Verkehr geschlossen, die staatlichen Behörden beschlossen damals die Einrichtung des Museums.

In einem hochmodernen Hauptgebäude finden Besucher heute unter anderem Flugsitze, einen Flugzeugquerschnitt und einen Flugsimulator – besonders für jene geeignet, die lieber am Boden bleiben. Im und um das Museum herum stehen Flugmaschinen unterschiedlichster Form und Alters, teilweise noch vom Anfang des letzten Jahrhunderts. Wer sich damit auskennt, kann sich schon vorher auf der Homepage des Museums über die verschiedenen Modellnamen informieren. Ausgestellt werden Flugzeuge, Hubschrauber, Segelflugzeuge, Motorsegler und Triebwerke. Zu den außergewöhnlichen Exponaten gehört beispielsweise eines der ersten französischen Flugzeuge »Blériot XI« (Baujahr 1909), eine polnische »RWD-13« aus den 1930er Jahren oder das erste moderne Inlandsflugzeug im Nachkriegspolen – »TS-8 Bies«.

Adresse Aleja Jana Pawła II 39, 31-864 Kraków | **ÖPNV** Tram 5, 9, 52, 70, 73, Haltestelle Muzeum Lotnictwa | **Öffnungszeiten** Di–So 9–17 Uhr | **Tipp** Auf der anderen Seite der Straßenbahnhaltestelle befindet sich der Park Lotników Polskich, der polnischen Flugzeugpiloten gewidmet ist. Auf dem Weg vom Museum dorthin finden Sie außerdem ein Café in einer alten Straßenbahn, das »Pantograf Café«.

71 Die Milchbar Targowy

Essen wie bei Muttern

Zugegeben, es gibt einladendere Restaurants. Mit Plastik überzogene Tischdecken und Plastikstühle sind in einer »bar mleczny« keine Seltenheit, Selbstbedienung ist die Regel. Doch der Besuch lohnt sich. Nur hier bekommen Sie Gerichte, die heutzutage höchstens Großmütter noch selbst zubereiten und die aus der allgemeinen Küche langsam verschwinden. Neben der bodenständigen Hausmannskost faszinieren auch die unterschiedlichen Gäste, die zu jeder Tageszeit die Milchbar aufsuchen. Von Arm bis Reich und Jung bis Alt finden sich hier alle ein, die für wenig Geld gut und schnell essen wollen. Obdachlose dürfen teilweise sogar umsonst essen, denn immer wieder gibt es Einwohner, die ihnen eine Suppe oder ein paar »pierogi« spendieren.

Jeder sollte am Tag zumindest eine warme Mahlzeit zu sich nehmen können, das war auch das Credo in der PRL. Dass die Milchbars zeitweise trotzdem einen sehr schlechten Ruf hatten, sieht man im Kultfilm »Miś« (Teddybär) von Stanisław Bareja aus dem Jahr 1981. In der Milchbar-Szene herrscht ein rauer Ton, die Gäste sitzen über ihre an den Tisch geschraubten Teller gebeugt. Sie essen ihre »gryczana« (Buchweizengrütze) mit Löffeln, die an einer Kette in der Mitte des Tisches hängen, und wer zu stark zieht, reißt dem Tischnachbarn den Löffel aus der Hand.

Die erste Milchbar öffnete bereits 1896 in Warschau ihre Pforten. Die Bezeichnung »bar mleczny« kommt daher, dass anfangs noch kein Fleisch auf der Karte stand, sondern nur auf Milch, Mehl und Eiern basierende Speisen. Fleisch wurde erst nach 1990 fester Bestandteil der Speisekarte. Viele Milchbars kaufen ihre Zutaten in der Früh auf dem Markt und bereiten sie dann frisch zu. Der Staat unterstützt sie bei der Hälfte ihres Wareneinkaufs. »Echte« Milchbars erkennt man daran, dass die Zahlen hinter dem Komma weder auf- noch abgerundet werden und sich je nach Marktpreis ändern.

Adresse Ignacego Daszyńskiego 19, 31-537 Kraków | ÖPNV Tram 1, 10, 15, 19, 20, 22, 52, Haltestelle Hala Targowa | Öffnungszeiten Mo–Fr 7–18 Uhr, Sa, So 8–16 Uhr, www.barykrakow.pl | Tipp Für den vollen PRL-Flair sei die Milchbar »Północny« in Nowa Huta empfohlen.

72 Das MOCAK

Weltklasse-Niveau zeitgenössischer, polnischer Kunst

Wir sitzen auf einer Couch innerhalb eines Raums in einem Raum, hinter uns erzählt Andy Warhol von seiner Zeit und Kunst. Wir sitzen auf seiner Couch, umgeben von seiner Kunst. Unser Kopf ist so groß wie der Ausstellungsraum, die Gemälde darin sind von der Größe eines Butterkekses. Wir betrachten wohlgeformte Männer in Hipster-Klamotten und fragen uns, was die hier machen, die stehen doch sonst in Griechenland. Was passiert hier, wo sind wir?

Nicht in einem dieser surrealen Träume, sondern einem Museum für Zeitgenössische Kunst. Und zwar im »MOCAK«, das am 19. Mai 2011 seine Pforten öffnete. Ausgestellte Künstler in der dauerhaften Kollektion sind unter anderen Marina Abramović, Valie Export, Beata Stankiewicz, Krzysztof Penderecki. Zu 50 Prozent hängen, stehen und liegen hier nationale Künstlerinnen und Künstler. Es ist eines der Hauptanliegen des Museums, durch deren Gegenüberstellung mit der neuesten internationalen Kunst das Niveau der nationalen Kunst hervorzuheben. Zudem soll in verschiedenen Ausstellungen, Publikationen und Veranstaltungen eine Antwort auf die Frage gefunden werden, warum Kunst geschaffen wird. Was ist ihr kognitiver und ethischer Wert, und in welcher Beziehung steht sie zur Realität?

All diese hochfliegenden Avancen mal beiseitegelegt: Es ist sehr erfrischend, dem Namedropping anderer Museen für Kunst dieser Art zu entgehen und sich in der polnischen Kunstwelt fortzubilden. Einmal den Zwang vergessen zu können, alles über alle Künstler wissen zu müssen und sich ganz auf ein Kunstwerk einlassen zu können, ohne vorab gespeicherte Informationen darüber abzurufen – eine Angewohnheit, die den ersten Eindruck eines Work of Art verändert. Freilich gibt es wie in jedem anderen guten Museum genug Hintergrundinformationen zu den einzelnen Künstlern und Werken – wer also mehr wissen will, kommt ebenso auf seine Kosten.

Adresse Lipowa 4, 30-702 Kraków | ÖPNV Tram 3, 19, 24, Haltestelle Plac Bohaterów Getta | Öffnungszeiten Di–So 11–19 Uhr, Fr 11–20 Uhr | Tipp Wer nach der vielen Kunst Hunger und Durst bekommen hat, der findet im Umkreis um das MOCAK verschiedene, sehr moderne Restaurants, Bars und Cafés, unter anderem die »Hala Lipowa«, eine alte Industriehalle mit vielen Essens- und Getränkeständen.

73 Das Mosaik am Biprostal

Gegenstand einer Grundsatzdiskussion

Ist das Kunst oder kann das weg? Eine Frage, die oft scherzhaft angesichts moderner Kunstobjekte gestellt wird. Im Falle des Mosaiks am Biprostal-Gebäude war diese Frage Gegenstand eines monatelangen Streits, der die ganze Stadt beschäftigte und weitere grundlegende Fragen zum Umgang mit Kunst aus dem vergangenen System aufwarf. Wie umgehen mit einem »Kunstwerk«, das augenscheinlich nicht auf die Ideologie der alten Zeiten referiert, aber doch damals entstand? Bei dem klar ist, dass die Farbwahl an die Umgebung anpasst wurde, aber nicht, was die Künstlerin damit ausdrücken wollte. Wenn man das sowieso je fragen darf oder kann.

Kurz bevor das Mosaik der Renovierung des baufälligen Hochhauses zum Opfer fiel, meldeten Aktivisten dies dem zuständigen Amt für Denkmalschutz. Der nun folgende bürokratische Prozess dauerte lange, derweil mussten die Arbeiten am Gebäude stillstehen. Nach einigen Monaten beschloss der Denkmalbeauftragte, das Mosaik zu erhalten, und so blieb den Investoren nichts anderes übrig, als es aufwendig an Ort und Stelle zu konservieren. Dieser Fall wurde zum Präzedenzfall. Diejenigen, die sich besonders engagiert hatten, hoffen, dass zukünftige Investoren die historische, gesellschaftliche und künstlerische Bedeutung in ihre Projekte einbeziehen. Polens größtes Mosaik sorgte nicht nur zur Zeit seiner Entstehung in den 1960er Jahren für Aufmerksamkeit, sondern noch Jahrzehnte danach. Wie der Fall wohl weitergeht? Wie wird die öffentliche Meinung bei der nächsten Renovierung entscheiden? Wie hätten Sie entschieden, jetzt, wo Sie es vor sich sehen?

Am Ende liegt es im viel zitierten Auge des vorbeispazierenden Betrachters, ob das Mosaik nun gefällt oder nicht. Vielleicht fällt es sogar nur den Aufmerksamsten auf, denn durch die Farbwahl der Steinchen verschwimmt das Kunstwerk mit den Wohnhäusern der Umgebung.

Adresse Królewska 57, 30-081 Kraków | ÖPNV Tram 4, 8, 13, 14, 24, Haltestelle Biprostal | Tipp Ein Mosaik, das ebenfalls Kultstatus in Krakau gewonnen hat, ist das 350 Quadratmeter große im Foyer des Kino Kijów.

74 Das Mural »Silva Rerum«

Touristische Höhepunkte zusammengefasst

»Silva Rerum«, lateinisch für »Wald der Dinge«, ist eine alte Tradition der Wissensweitergabe und vor allem -bewahrung, bei der Polen Notizen auf Zetteln sammelten und sie in eine Box legten. Das Wandgemälde mit diesem Namen ist eine moderne Art der Erinnerung: In Form von Bildern zeigt es prägende Momente und Persönlichkeiten der über 1.000-jährigen Stadtgeschichte. Mit über 90 Meter Länge und fünf Meter Höhe ist es eines der längsten Projekte dieser Art auf der Welt. Zum 750. Geburtstag der Ansiedlung Krakaus beteiligten sich führende Künstler der polnischen Graffiti- und Murals-Szene wie Dean, Malik und Turbos an der von der Stadt ausgeschriebenen Aktion.

Wer sich den Besuch historischer und touristischer Hauptattraktionen am liebsten sparen und den Rest des Krakau-Urlaubs nur in den vielen wunderbaren Restaurants, Cafés und Bars verbringen wollte, der könnte theoretisch auch nur dieses Wandgemälde betrachten. Die dargestellte Geschichte reicht vom Frühmittelalter über das 16. bis ins 20. Jahrhundert. Da sind der legendäre König Krak und seine Tochter Wanda zu sehen, der Drache unter dem Wawel, der Altar von Veit Stoss, Nowa Huta von oben. Die Gesichter des heiligen Stanisław, von Jan Matejko, Papst Johannes Paul II., Czesław Miłosz und Tadeusz Kantor blicken in Richtung Schnellstraße und Krakus-Hügel. Wen entdecken Sie noch?

Durch seine besondere Lage ist »Silva Rerum« nicht so einfach zugänglich wie andere Wandgemälde der Stadt. Nach dem Winter kann es auch mal vorkommen, dass es durch die vielen Autoabgase etwas schwärzer ist als sonst, weswegen es schon längere Diskussionen gab, wie man ein solches Kunstwerk am besten schützen kann – und ob man dies überhaupt sollte. Ihre Vergänglichkeit erhöht die Intensivität dieser Kunstwerke im Freien: Man kann sich nie sicher sein, wie lange sie noch existieren, und muss sie daher besonders aufmerksam betrachten.

Adresse aleja Powstańców Śląskich, 30-540 Kraków | ÖPNV Tram 3, 6, 11, 13, 24, Haltestelle Podgórze SKA | Tipp Nach der Besichtigung entlang der Autobahn lässt sich am Krakus-Hügel gegenüber mit tollem Blick auf Krakau frische Luft schnappen.

75 Das Museum der Illusionen

Wissenschaftlich erklärbares Wunderland

Es regnet, Ihre Führung durch den Wawel beginnt erst in zwei Stunden, und Sie wissen nicht, was Sie gerade tun sollen? Wie wäre es mit einem Ort, an dem die Welt auf dem Kopf steht, wo die Schatten bunt sind und Sie selbst zu Kunst werden?

Auf über 400 Quadratmetern Ausstellungsfläche trifft im Museum der Illusionen Kunst auf Wissenschaft. Ein »instaworthy« Museum, das durch die Farben, Spezialeffekte und -formen witzige und interessante Fotos garantiert. Vergessen Sie also bei diesem Museumsbesuch Ihre Kamera nicht. Im Gegensatz zu anderen Museen ist Fotografieren hier sogar gern gesehen, wahrscheinlich erwächst daraus auch dessen Beliebtheit. Und selbst wer keinen Fotografen in Form von Bekanntschaft oder Familie dabeihat, muss nicht auf Fotos verzichten – das Museumspersonal ist sehr zuvorkommend und übernimmt diese Rolle gern mal.

Die Ausstellung ist eingeteilt in optische, historische, physikalische und »spezielle« Illusionen. Wie in jedem anderen Museum erweitern oder erneuern die Kuratoren die Kollektion auch hier, immer auf der Suche nach den neuesten Erfindungen und Kunstwerken mit Illusionsfaktor. Und es wäre kein Museum, würde es nicht zu jedem Ausstellungsstück auch die Mechanismen dahinter erklären. Man verlässt diesen Ort also nicht nur mit schönen Bildern, sondern auch mit neuen Erkenntnissen. Dazu gehört auch diejenige, dass es manchmal sehr viel Spaß machen kann, auch zunächst wie eine Touristenfalle wirkende und funktionierende Orte zu besuchen.

Wer sich neu entdecken, die gewohnten Formen und Farben verlassen, seine Perspektiven erweitern will, ist hier genau richtig. Das – neben den Spezialeffekten – Besondere an diesem Ort: Man wird selbst Teil der Ausstellung, wenn man seine Fotos aus dem Museum auf Instagram teilt und mit dem Hashtag #krakil versieht. Regelmäßig kürt das Museum einen Gewinner des Monats.

Adresse Straszewskiego 15, 31-101 Kraków | ÖPNV Tram 2, 6, 8, 13, 18, Haltestelle Filharmonia | Öffnungszeiten Mo–Fr 10–19 Uhr, Sa und So 10–20 Uhr, www.krakil.pl/en | Tipp Einen ähnlichen Informationswert hat die Ausstellung der Roboter aus LEGO-Bausteinen in der Mikołajska 13.

76__Die Pasaż 13

Elegantes Einkaufsvergnügen

Ein Besuch Krakaus lohnt sich nicht nur aufgrund der vielen Kultur, sondern auch für die ein oder andere Shoppingtour. Neben den großen und populärsten Einkaufscentern wie der »Galeria Krakowska« finden Genießer, Konsumenten und solche, die es werden wollen, kleinere und feinere Möglichkeiten zum Einkauf. Am Marktplatz Nummer 13, am Anfang der Grodzka-Straße, steht der Name dieser kleinen Einkaufspassage in umso größeren, in Stein gehauenen Buchstaben an der Hauswand. Die Pasaż 13 (sprich wie französisch »passage«) ist auch ein visuelles Vergnügen: Ein marmorner Schwarz-Weiß-Boden führt in das Herz des Gebäudes, das minimalistisch und sehr elegant in genau der richtigen Mischung aus Renaissance, Gotik und Moderne gestaltet ist. Säulen und verschiedene Baumaterialien wie Backstein, Stuck, Stahl und Glas begleiten die Besucher auf ihrem Weg zum Concept Store, dem Luxusfriseur oder ins Untergeschoss, wo sie italienische Delikatessen und Weine vor Ort verköstigen und erstehen können.

Doch das Gebäude war nicht immer ein luxuriöser Konsumtempel: Ab 1904 beherbergte es unter anderem die Krakauer Version der Suffragetten, die »Vereinigung der Frauen«, deren Mission gleiche Rechte für alle beinhaltete. Sie war die Idee Maria Turzymas (1860–1922), einer Sozialaktivistin, Kolumnistin und Gründerin der Zeitschrift »Nowe Słowo« (Neues Wort), deren Inhalte sich mit den Rechten der Frauen auseinandersetzten. Insgesamt drei Jahre wurde das Magazin publiziert. Es berichtete über Frauenbewegungen in Europa und sprach soziale Fragen an. Turzyma arbeitete unter anderem mit Maria Siedlicka und Kazimiera Bujwidowa zusammen und war während des Ersten Weltkriegs Mitglied des Krakauer Kreises der galizischen und schlesischen Frauenliga (»Liga Kobiet Galicji i Śląska«). Was sie in ihrem Magazin wohl zur Neugestaltung des Gebäudes schreiben würde?

Adresse Rynek Główny 13, 33-332 Kraków | ÖPNV Tram 1, 6, 8, 13, 18, Haltestelle Plac Wszystkich Świętych | Öffnungszeiten Mo–Sa 11–21 Uhr, So 11–17 Uhr, www.pasaz-13.pl/en | Tipp Im Haus hinter der Ladenpassage befindet sich das »Cybermachina Game Pub«, eine Bar für alle Brettspiel-Fans und Liebhaber alter Computerspiele.

77 Die Pierogarnia Przypiecek

Pierogi rund um die Uhr

Ausgelaugt vom vielen Tanzen, hungrig von »wódka« und »piwo«? Sie befinden sich gerade in der Nähe des Marktplatzes und haben Lust auf gefüllte Teigtaschen? Dann ist die »Pierogarnia Przypiecek« der richtige Ort für Sie: 24 Stunden am Tag gibt es hier die polnischen Teigtaschen »pierogi« in deftiger oder süßer Variante. Diese in verschiedenen Variationen zu bestimmten Anlässen zu essen hat übrigens Tradition: Füllung mit Hühnchenfleisch zur Hochzeit oder süße Nussfüllung an Silvester bringt angeblich Glück.

Fans von Teigtaschen rund um den Globus wissen bestimmt: Ursprünglich kommen diese ja aus China. Der Entdecker Marco Polo brachte sie dann mit nach Italien, und von dort wanderten die Teigtaschen im 13. Jahrhundert nach Nordosten. Ihr polnischer Name entstand erst im Laufe der Zeit. Der Slawist Aleksander Brückner erklärt das Wort »pieróg« etymologisch wie folgt: »pir« bedeutet auf Altslawisch so viel wie »Schmaus«, »Festmahl«; das russische »pirog« (»Pastete«) spielt ebenfalls mit hinein. Der Klassiker, die mit einer Mischung aus Hüttenkäse und Kartoffeln gefüllten »pierogi ruskie«, stammen nicht – wie es der Name vielleicht vermuten ließe – aus Russland, sondern aus Ostgalizien, der heutigen Ukraine.

Dass die »Pierogarnia Przypiecek« vor allem dazu gemacht ist, auf dem Nachhauseweg noch schnell ein oder mehrere Portionen Piroggen zu genießen, bevor man erschöpft ins Bett fällt, wird schnell anhand der vielen eng aneinander gerückten Tische und Stühle klar. Es ist eines dieser Restaurants, in denen man sein Essen vorne an der Theke bestellt und es sich dort auch abholt. Nachts gibt es mittlerweile nur noch Besteck aus Holz oder Plastik (den Partymenschen ist wohl einfach nicht zu trauen). Es handelt sich vielleicht nicht um das romantischste, schönste Restaurant Krakaus, seinen Zweck jedoch erfüllt es allemal.

Adresse Sławkowska 32, 31-014 Kraków | ÖPNV Tram 2, 4, 14, 18, 20, 24, Haltestelle Stary Kleparz | Öffnungszeiten rund um die Uhr, Änderungen auf www.przypiecek.pl | Tipp Einem Internetranking der »Gazeta Krakowska« nach finden deren Leser die Pierogi der Kette »Przystanek Pierogarnia« (zum Beispiel Szewska 25) am schmackhaftesten. Probieren Sie selbst und erstellen Sie Ihr eigenes Ranking, wir sind gespannt!

78 Die Pijalnia Wódki i Piwa

Der Anfang und das Ende eines gelungenen Abends

Allein in Krakau gibt es zwischen Marktplatz und dem Viertel Kazimierz vier Trinkhallen, »Pijalnias«. Eine Kneipentour ließe sich nur mit »Pijalnias« füllen, wäre da nicht der Umstand, dass es in jeder das gleiche Mobiliar, Design und die gleiche Verpflegung gibt. Das mag nicht gut für die Abwechslung sein, doch bietet es dem Gast die Sicherheit, immer das zu bekommen, was er kennt und liebt. Was liebt er also: Da ist vor allem sein »piwo«, zwischendurch ein »cytrynówka« (Zitronenlikör, oft hausgemacht) und saure Gurken hinterher. Denn das ist das Tolle an den »Pijalnias«: Sie vergessen deinen Elektrolyt-Haushalt nicht, und für nur jeweils zwei Euro beziehungsweise acht Złoty (hier kann man mit beidem bezahlen!) stehen im Nullkommanichts Snacks auf dem Tresen: Zum Beispiel Sandwiches aus dem Sandwichmaker oder Tatar, also rohes Rindfleisch mit rohem Ei, das mit Öl, Essig, Salz und Pfeffer angemacht verzehrt wird. Normalerweise. Wenn der werte Gast nicht gerade eine Wette gegen seinen Kumpel verloren hat, die ihn zehn Zitronenwodka hintereinander trinken lässt, nach denen er sich einmal Tatar gönnt. Dann werden die Zutaten wie serviert verschlungen, und angemacht wird höchstens der Nächste, der ihn in seiner Schlemmerei stört.

Das Dekor besteht aus Zeitungen aus der Zeit der PRL sowie allerlei Schildern, Plakaten und Videos, die dort die ganze Nacht und auch tagsüber laufen – viele der »Pijalnias« rühmen sich mit einer Öffnungszeit von 24 Stunden. Spiegel sind überall auf Augenhöhe angebracht, so lassen sich verstohlen Blicke austauschen oder doch nur der Nachbar gegenüber beobachten. Am Ende der Nacht fallen sich alle übrig Gebliebenen zur polnischen Ballade in die Arme, und egal, welche Muttersprache du sprichst – Polnisch ist in diesem Moment einfach die schönste Sprache der Welt.

Adresse Ulica Świętego Tomasza 11, Ulica Floriańska 34, 33-332 Kraków, außerdem Ulica Szewska 20 und Plac Nowy 7 | ÖPNV Tram 2, 20, 24, Haltestelle Stary Kleparz | Öffnungszeiten oft 24 Stunden geöffnet, manchmal in den frühen Morgenstunden 1 Stunde geschlossen | Tipp Zu späterer Stunde kann es in den »Pijalnias« durchaus etwas wilder zugehen. Kein Wunder, dass die Bartender grundsätzlich eher schlecht gelaunt sind. Wer es etwas gediegener mag, findet in der Świętego Tomasza beispielsweise das Café »Camelot«.

79_Piłsudskis Wohnhaus

Rückzugsort für den Staatsmann

Eine braune Fassade bedeckt die Nummer 31. Das Haus sieht so unscheinbar aus, dass viele Spaziergänger keinen zweiten Blick darauf verschwenden. Doch wie an vielen Hauswänden in Krakau ist auch hier ein Schild befestigt, das weitere Blicke belohnt. Hier nämlich wohnte vier Jahre lang, von 1910 bis 1914, einer der wichtigsten Männer Polens. Krakau spielte bei seinem Kampf für die Unabhängigkeit Polens eine wichtige Rolle: In der österreichisch besetzten Stadt konnte er relativ ungehindert Anhänger rekrutieren und organisieren. Doch nicht nur das Berufsleben des in Vilnius Geborenen war abenteuerlich.

Heute würde Józef Piłsudski sicher in zahlreichen Boulevardblättern auftauchen, und zwar nicht für seine Kriegs-, sondern Frauengeschichten. Des Öfteren ersetzte er seine Frauen durch eine jeweils jüngere, zwei von ihnen heiratete er, die anderen beiden nicht mehr. Man munkelt, Maria, seine erste Frau, sei von außergewöhnlicher Schönheit gewesen. So schön, dass sie in den sozialistischen Kreisen Piłsudskis nur als »Die schöne Dame« bekannt war. So schön, dass Piłsudski mit Roman Dmowski (ein anderer polnischer Staatsmann) um ihre Hand buhlte. Er gewann diesen Kampf. Die Liebe der beiden sei so groß gewesen, dass er für sie zum Protestantismus übertrat, da sie bereits geschieden war (Skandal!). Ihre Hochzeit fand 1899 in Augsburg unter geänderten Namen statt. Trotz aller Liebe war Piłsudski kein treuer Ehemann. Schon 1908 hatte er eine Affäre mit Aleksandra Szczerbińska, die er nach dem Tod Marias 1921 heiratete.

Józef Piłsudski, der unerschrockene Kämpfer für die Unabhängigkeit Polens, zog mit seiner ersten Frau Maria in eine der Wohnungen dieses Hauses. Dessen braune Wände erzählen keine dieser Geschichten. Sie stehen einfach nur da und sind vielleicht ganz froh darüber, zumindest einen kleinen Anteil an der Geschichte Polens zu haben.

Adresse Szlak 31, 31-153 Kraków | **ÖPNV** Tram 18, Haltestelle Pędzichów | **Öffnungszeiten** nur von außen zu besichtigen | **Tipp** In der nach Piłsudski benannten Straße, in der Nummer 21, befindet sich das Haus und Atelier Olga Boznańskas, einer der herausragendsten polnischen Künstlerinnen (1865–1940).

80 Piotr Skrzyneckis Bank

Dieser Ehrenbürger machte Krakau bunter

Am Marktplatz steht das Denkmal des Tausendsassas und Ehrenbürgers Piotr Skrzynecki, der in der zweiten Hälfte des 20. Jahrhunderts Krakau bunter machte. Man kann sich neben ihn setzen und dem Zauber nachspüren, der von diesem lebensfrohen Mann ausgegangen sein muss.

Skrzynecki verkörperte den Lebensstil eines Bohemiens, der nichts für Materielles übrighatte, zeitweise sogar ohne Wohnung war und so manche Nacht auf einer Bank schlief. Geboren wurde er 1930 in Warschau. Er studierte an der Theaterschule in Łódź und zog nach seinem Abschluss 1951 nach Krakau. Hier leitete er das Arbeitertheater in Nowa Huta und studierte nebenbei Kunstgeschichte an der Jagiellonen-Universität. 1956 gründete er mit Freunden den Künstler- und Studententreff »Pod Baranami«. Im Dezember desselben Jahres fand die erste Kabarettshow statt. Bis zu seinem Tod 1997 war er der Zeremonienmeister, der jeden Akt mit seiner Klingel ankündigte. Zu seinen Gästen und Freunden gehörten unter anderen der Komponist Krzysztof Komeda und die Schauspielerin Ewa Demarczyk. Obwohl es sich nicht um politisches Kabarett handelte, war dieser Ort der Regierung der Volksrepublik ein Dorn im Auge. Immerhin verkehrten hier Intellektuelle und Künstler, die Bohème Krakaus, deren Attitüde Skrzynecki als durchaus anarchistisch und rebellisch vor allem gegen die Langeweile bezeichnete.

Das Kabarett war nicht nur auf Abendveranstaltungen beschränkt. In verschiedenen Zeitungen informierte Skrzynecki über seine Partys, Bälle und Straßenauftritte, bei denen er historische Ereignisse nachstellte. Nebenbei war er als Schauspieler, Drehbuchautor und Regisseur tätig, ein wirklich »bunter Hund« also. Den ganzen Tag nur auf einer Bank zu sitzen wäre vermutlich nicht sein Fall gewesen. Welche spannenden Geschichten erzählt er seinen Banknachbarn gegen die Langeweile?

Adresse Rynek Główny 29, 33-332 Kraków | **ÖPNV** Tram 2, 4, 8, 13, 14, 15, 18, 20, 24, Haltestelle Teatr Bagatela | **Tipp** Eine Straße weiter, in der Jagiellońska 10, befindet sich der Club »Teatro Cubano«. Hier tanzen sehr viele Menschen auf sehr engem Raum zu lateinamerikanischen Rhythmen.

81 Der Platz der Helden

Erinnerung an den jüdischen Widerstand

Wir stehen hier auf dem Platz der Helden des Ghettos, ein Ort, an dem Massenerschießungen stattfanden und von dem aus die Deportationen in die Konzentrationslager begannen. Wo sind die Helden zwischen all diesen tragischen Opfergeschichten? Die Erinnerung an ein paar von ihnen finden wir am Haus Nummer 6 in Form einer Gedenktafel. Diese erzählt von der jüdischen Kämpferorganisation »Żydowska Organizacja Bojowa« (ŻOB), die den Widerstand im Zweiten Weltkrieg, kurz vor der Deportation, organisiert hatte.

Sie bestand überwiegend aus Mitgliedern jüdischer Jugendbewegungen, die älteste davon war die »Akiba«. Etwa 150 Kämpfer waren beteiligt, darunter vor allem Lehrer und Erzieher, die keinerlei militärische Erfahrungen hatten. Sie alle wollten sich nicht passiv ihrem Schicksal ergeben. Sie waren sich des Risikos bewusst, doch sahen sie den Widerstand als alternativlos.

Um im Ghetto zu überleben, mussten sie sich als Polen verkleiden und falsche Papiere verwenden. Für die Herstellung dieser war Shimon Draenger zuständig, der sein »Büro« anfangs noch in seinen Taschen versteckte und jeden Tag mehrmals den Ort wechseln musste. Das dazu nötige Material besorgte ihm Idek Tenenbaum, der auch in offiziellen polnischen Kreisen sehr beliebt war und dies auszunutzen wusste. Die bekannteste Aktion der ŻOB war das Bombardement des Café »Cyganeria« in der Szpitalna 38, ein beliebter Ort bei deutschen Offizieren. Am Abend des 22. Dezember 1942 warfen Aktivisten des Widerstands Handgranaten in das Café, töteten mehrere Deutsche und verletzten viele. Der Bunker in der Skawinska 2, der als Unterschlupf für die Zeit nach der Aktion gedacht war, flog kurz danach auf. Von den über 150 Mitgliedern überlebten etwa 20. Alle Anführer der Widerstandsbewegung starben entweder noch vor Ort oder nach der Deportation in einem der Konzentrationslager.

Adresse Plac Bohaterów Getta 6, 30-527 Kraków | ÖPNV Tram 3, 19, 24, Haltestelle Plac Bohaterów Getta | Tipp Das Museum »Apteka Pod Orłem« erzählt die Geschichte der Apotheke und des ethnisch-polnischen Apothekers Tadeusz Pankiewicz, der das Ghetto nicht verlassen wollte und vielen Menschen half. In der Nähe des Platzes (Zabłocie 9a) befindet sich das unabhängige Kulturzentrum »Warsztat«, ein Ort der Diversität und Toleranz abseits des Mainstreams.

82 Der Pod Jaszczurami

Der Studentenklub

Zwei ineinander verschlungene Eidechsen wachen über diesen Ort, und wenn sie nicht gerade das Treiben vor ihrer Tür beobachten, unterhalten sie sich mit Nationaldichter Mickiewicz, der schräg gegenüber für immer in die Ferne blickt. »Unter den Eidechsen« heißt einer der beliebtesten Studentenclubs Krakaus im gotischen Mietshaus am Marktplatz. Clubs dieser Art gibt es heutzutage viele, aber nicht alle können eine Geschichte wie die des »Jaszczury« vorweisen. Am 23. April 1960 eröffnete er und wurde im Laufe der Jahre zum »place to be« für Jazz- und Literaturfreunde. Unter anderen spielten hier Zbigniew Seifert und Tomasz Stańko sowie die Old Metropolitan Band.

Er wurde schnell zum Zuhause zahlreicher Theater- und Kabarettgruppen, aber auch von Literaturwettbewerben. Der prestigeträchtigste Poetry Slam war der »Jaszczurowy Laur«, den fast alle bekannten Krakauer Dichter der mittleren und jüngeren Generation gewonnen haben. Aus diesen »Turnieren« entstanden zahlreiche literarische Gruppen, wie die »Nowa Fala«(New Wave)-Gruppe »Teraz«, bestehend aus Julian Kornhauser, Adam Zagajewski und Stanisław Stabro. Mit so vielen Dichtern und Schriftstellern zu Gast war es nur eine Frage der Zeit, bis der Club selbst in die Literatur einging. Jerzy Franczak schickt den Protagonisten seines Buchs »Grawitacje« hier auf ausufernde Partys. Und Jerzy Pilch schreibt von dem »Raum voller unglücklicher Menschen, die versuchten zu schreiben oder sogar zu drucken«. Krakau nennt er eine »Stadt unerfüllter Kunstschaffender«, weswegen es auch eine so große Anzahl solcher Literaturveranstaltungen gebe.

Auch heute noch ist der Club regelmäßig voller Studenten, die zentrale Lage bietet sich an, und im Haus darüber befindet sich eine Abteilung der Geisteswissenschaften der UJ. Das denkmalgeschützte, gotische asymmetrische Kreuzrippengewölbe ist nicht nur nachts sehenswert.

Adresse Rynek Główny 8, 31-042 Kraków | ÖPNV Tram 1, 2, 3, 10, 15, 20, 24, 52, Haltestelle Poczta Główna | Öffnungszeiten So – Do 9 – 2 Uhr, Fr, Sa 9 – 3 Uhr | Tipp Vom Sommergarten eines Cafés oder Clubs am Marktplatz lässt sich das bunte Treiben der Stadt am besten beobachten.

83 Der Pusłowski-Palast

Kunst und Kurioses

Auf den ersten Blick ist der Pusłowski-Palast unscheinbar, einer von vielen in dieser Stadt der Paläste. Wie so oft täuscht auch hier die Schale, denn innerhalb jener Mauern spielte sich jahrzehntelang das bunte Kulturleben Krakaus ab.

Die Familie Pusłowski war durch kluge Geldanlagen und Ehen reich geworden, 1869 verlieh Papst Pius IX. persönlich den Grafentitel an Zygmunt Pusłowski. Er und seine Frau Maria waren leidenschaftliche Kunstsammler, und so machten sie ihren 1885 erworbenen Palast in Krakau zum privaten Museum. Über den Grafen erzählten sich die Krakauer viele Geschichten, denn er war ein Mann von großer Gelehrsamkeit und breiten Interessen. Sein Zimmer war voller echter Skelette, und er besaß ein alchemistisches Labor, in dem er Dinge tat, über die man nur hinter vorgehaltener Hand sprach. In der Nacht, als er im Sterben lag, habe ein Geräusch die Stille durchbrochen, das klang, als würde ein Stück Seidenstoff zerrissen. Allen, die es hörten, war sofort klar, dass Zygmunt soeben verstorben war.

Sein 1875 geborener Sohn Franciszek Ksawery unterhielt bis in die 1960er Jahre einen der interessantesten Salons Krakaus, er war eine der schillerndsten Persönlichkeiten der Stadt. Einmal kam es zu einem Vorfall, bei dem das wertvollste Kunstwerk, die »Anbetung des Kindes« von Lorenzo Lott (1508), gestohlen wurde. Der Dieb versteckte es vorübergehend in einem Spalt in der Mauer. Vor ihm fand es jedoch eine Bauarbeiterin, die es zu Hause ins Kinderzimmer hängte. Ihr Bruder brachte es dann zum Schätzen in ein Antiquariat, wo es wenig später von einem Bekannten der Familie Pusłowskis entdeckt wurde. Heute hängt es im Nationalmuseum. Der Palast wurde nach dem Tod Ksawerys an die Jagiellonen-Universität überschrieben, die Kunstschätze darin verteilte man auf verschiedene Gebäude der Universität – entgegen dem letzten Willen der Familie Pusłowski.

Adresse Westerplatte 10, 31-033 Kraków | ÖPNV Tram 3, 10, 24, 52, Haltestelle Teatr Słowackiego | Öffnungszeiten nur von außen zu besichtigen | Tipp In der Nähe des Palastes (Kopernika 12) befindet sich das Anatomiemuseum der Jagiellonen-Universität. Interessierte Individualbesucher sollen sich vorher unter Tel. 0048/691500900 zwischen 9 und 14 Uhr melden. Siehe auch www.katedra-anatomii.cm-uj.krakow.pl.

84_Der Radweg zum Kloster

Ein Erlebnis für sich

Ein wunderschöner, sonniger Morgen. Die letzten Tage waren wir durchgängig auf den Beinen, haben fast alles Touristische gesehen, was in Krakau zu besichtigen ist. Wir beschließen, einen Fahrradausflug zu unternehmen, raus aus der Stadt, am Fluss entlang bis zum Benediktinerkloster Tyniec. Vormittags leihen wir uns bei einem der vielen Verleihe Räder aus, für 10 bis 15 Euro am Tag ist man hier dabei. Sind die Reifen aufgepumpt, die Bremsen getestet? Dann nichts wie los.

Aus der Szewska, in der unser Fahrradverleih liegt, entlang der Planty vorbei am Wawel. Dann über die Grunwaldzki-Brücke rechts hinunter zum Fahrradweg. Diesem folgen wir flussaufwärts ungefähr zwölf Kilometer. Er ist so gut ausgebaut, dass die Menschen hier auch Rollschuh laufen und sonstige Fortbewegungsmittel nutzen, wir sehen sogar einen Einradfahrer. Je weiter wir uns von der Stadt entfernen, desto mehr Wiesen und Freiflächen passieren wir, viele machen hier halt und picknicken. Auf der anderen Seite des Flusses sehen wir den Wald Wolski und das Schloss Przegorzały, ein paar einzelne Wohnhäuser liegen am Wegesrand, ansonsten nur Natur pur. Den in den letzten Tagen reichlich strapazierten Augen ist das grüne Nichts eine Wohltat.

Kurz vor Tyniec entdecken wir die ersten Biergärten, die Zivilisation ist nahe. Am Ende des Wegs führt die Straße links steil den Berg hinauf, das Kloster liegt in sicherem Abstand zum Fluss. Innerhalb der Klostermauern besichtigen wir verschiedene Räumlichkeiten und erfahren etwas über die fast tausendjährige Geschichte. Der Großteil des Klosters ist Gästen allerdings nicht zugänglich, immerhin lebt hier noch immer eine Handvoll Mönche. Was diese in ihren Gärten produzieren, wird im Klosterladen vor Ort verkauft. Ob Tee, Schnaps, Kräuter, Seifen und sonstige Andenken – hier findet jeder etwas. Jetzt noch ein Radler im Biergarten und der Ausflug ist perfekt.

Adresse Tyniecka Richtung Ulica Benedyktyńska 37, 32-060 Kraków | **ÖPNV** Bus 112, 203, Haltestelle Tyniec | **Öffnungszeiten** Mo–So 6.30–21.30 Uhr, Kirche und Chorgang lassen sich zu jeder vollen Stunde in einer Führung besichtigen | **Tipp** Eine kleine Pause auf der Strecke lässt sich gut mit dem Besuch der Twardowski-Höhle verbinden, die sich entlang der Mauer eines Militär-Übungsgeländes am Ende der Aleja Elvisa Presleya befindet.

85 Der Rakowicki-Friedhof

Die letzte Ruhestätte der Krakauer Großen

Wer auf einem Friedhof spazieren geht, der muss gar nicht in besonders morbider Stimmung sein. In einer Großstadt sind es oft die von Mauern geschützten Grabstätten, zwischen denen man noch wirkliche Ruhe vom Getümmel und Alltagslärm findet. Friedhöfen ist auch deswegen eine besondere, gar meditativ zu nennende Atmosphäre eigen, weil sie ihre Besucher an die eigene Vergänglichkeit erinnern und damit an das Motto: »Carpe diem«, nütze den Tag.

Hier, auf dem Rakowicki-Friedhof im Norden der Altstadt Krakaus, liegen sie alle nebeneinander: »normale«, der Allgemeinheit unbekannte Bürgerinnen und Bürger und die außergewöhnlichen, bekannten und sogar berühmten. Kulturschaffende ruhen neben Wissenschaftlern, bekannte Familien neben sozialen und politischen Aktivisten, Teilnehmern von Unabhängigkeitsbewegungen, Aufständen, beiden Weltkriegen und anderen Ereignissen. Tatsächlich gibt es auf dem Rakowicki-Friedhof bestimmte Abschnitte für die Teilnehmer der jeweiligen Aufstände: des Novemberaufstands, des Januaraufstands und der Krakauer Aufstände des Ersten Weltkriegs.

Hier ruhen Persönlichkeiten, die dem Motto des »Carpe Diem« treu blieben, ihre Lebzeit sehr erfolgreich nutzten und auch in diesem Buch erwähnt werden. So können Sie die Gräber von Jan Matejko, Tadeusz Kantor, Piotr Skrzynecki, Helena Modrzejewska, Józef Mehoffer und Wisława Szymborska besuchen. Hier liegt aber auch Tadeusz Pankiewicz, der Besitzer der Apotheke »Pod Orłem« im Ghetto in Podgórze, der sich weigerte, den Standort seines Geschäfts zu verlegen, und der aus dieser Position heraus vielen Jüdinnen und Juden helfen konnte. Oder Stella Müller-Madej, eine Überlebende der Shoah, die auf Schindlers Liste stand. Diese Personen sind nur Beispiele – wer will, kann hier auf dem Friedhof anhand der Namen der Verstorbenen alles über die Geschichte Krakaus sowie ganz Polens erfahren.

Adresse Rakowicka 26, 31-510 Kraków | **ÖPNV** Tram 2, Haltestelle Cmentarz Rakowicki | **Öffnungszeiten** Mo–So 7–20 Uhr | **Tipp** Auf dem Militärfriedhof im nördlichen Teil steht der Grabstein der Familie Karol Wojtyłas (Johannes Paul II.). Der Friedhof ist außerdem Teil des Jakobswegs von Sandomierz nach Tyniec.

86 Der royale Gemüsegarten

Lang und gesund lebe Bona Sforza!

Bona Sforza d'Aragona war eine italienische Prinzessin aus Bari, die 1518 durch die Heirat mit dem 27 Jahre älteren Sigismund I. Königin von Polen wurde. Sie war sehr gebildet, hatte unter anderem Mathematik, Geschichte, klassische Literatur und Latein studiert und beherrschte einige Instrumente. Als ihr Mann gegen Ende seines Lebens das Interesse an Staatsgeschäften verlor, übernahm sie praktisch die Herrschaft über Polen. Ihr Sohn war erst zehn Jahre alt, als sie ihn 1539 zum König krönen ließ – der eigentliche Herrscher Sigismund I. war da noch am Leben. Dieser Umstand machte ihr viele Feinde, und sie verlor ihren Einfluss am Hof.

Trotz ihrer umstrittenen Taten kann niemand ihren bereichernden Einfluss auf Polen abstreiten. Nachdem ihr das polnische Essen, das vor allem aus Fleisch, Bohnen und scharfen Gewürzen bestand, nicht gut bekam, fing sie an, Gemüse in ihrem eigenen Garten auf dem Wawel-Berg anzubauen. So führte sie viele neue Lebensmittel in die polnische Küche ein. Suppengrün heißt nicht umsonst im Polnischen »italienisch«: włoszczyzna. Auch ihre Liebe zu Obst und Zitrusfrüchten spiegelt sich in der polnischen Sprache bis heute wider. Sie förderte Bildung, baute Brücken, Windmühlen, Wälle. Mit ihr kamen unzählige italienische Künstler, Baumeister und Architekten nach Polen, und mit ihnen erblühte die Renaissance. Sie unterstützte das Osmanische Reich und stand in engem Kontakt mit Hurrem Sultan, der Frau von Suleiman dem Großen. Die Originalquellen gingen zwar verloren, doch wahrscheinlich verdankt Polen es dieser Brieffreundschaft, von einem Angriff durch das osmanische Heer verschont geblieben zu sein.

Acht Jahre nach dem Tod ihres Mannes kehrte sie nach Bari zurück. 1557 vergiftete sie dort einer ihrer Offiziere im Auftrag des spanischen Königs, vermutlich da dieser einer Schuldenrückzahlung entgehen wollte.

Adresse Wawel 5, 31-001 Kraków, im östlichen Teil der Burg | ÖPNV Tram 6, 8, 10, 13, 18, Haltestelle Wawel | Öffnungszeiten Mo 9.30–16 Uhr, Di–So 9.30–17 Uhr | Tipp Wer sich auch mal wie Königin Bona Sforza fühlen will, kann sich in einer der Luxus-Suiten in der Kanonicza 22 mit direktem Blick auf den Wawel einbuchen.

87 Sankt Andreas

Anbetung und Schutz

Diese Kirche ist eine der ältesten der Stadt, errichtet wurde sie bereits zwischen 1079 und 1098. Wer sich bei ihrem Anblick an eine Festung erinnert sieht, liegt nicht ganz falsch. Tatsächlich wurde sie nicht nur als Ort der Anbetung genutzt, sondern auch als einer der Verteidigung und des Schutzes. Sie ist eines der wenigen Beispiele für diese Art von Kirchen in Europa, ähnliche Gotteshäuser, mit Galerie oder Turm, wurden Ende des 11. Jahrhunderts selten gebaut, ab dem 12. und 13. Jahrhundert finden sich derlei Entwürfe in der Slowakei, Ungarn und Siebenbürgen.

Die dicken Mauern, die fehlenden Fenster im unteren Teil und die von Herzog Konrad Mazowiecki 1935 in Auftrag gegebenen Erd- und Holzwälle stellten einen Schutz dar, der zeitweise dringend nötig war. Am 24. März 1241 nämlich besetzten mongolische Truppen der »Goldenen Horde« im Zuge ihres Überfalls auf Polen die Stadt und brannten sie größtenteils nieder. Viele Arme und Kranke fanden hierauf im Inneren der Kirche Zuflucht. Neben Sankt Andreas überstand von den romanischen Bauten nur ein Teil des Wawel diese Kämpfe. Obwohl die Kirche einige Male Opfer von Stadtbränden war, blieben die romanischen Fassaden erhalten. Im 18. Jahrhundert lautete dann das Motto: Romanisch ist *out*, Barock ist *in*, und so musste im Innern der Kirche die Schlichtheit der Romanik dem dröhnenden Prunk des Neuen weichen.

Zunächst war die Kirche den Benediktinern von Sieciechów unterstellt, dann den Benediktinern aus Tyniec. 1320 wurde Sankt Andreas in den Nonnenorden der Armen Klara eingegliedert, für den ein Konvent nebenan gebaut wurde. Die Schatzkammer des Klosters enthält besondere Reliquien, die teilweise noch aus dem 13. Jahrhundert stammen, wie ein Mosaikbild der Jungfrau Maria im byzantinischen Stil von Ende des 12. Jahrhunderts oder die ältesten bekannten Krippenspielfiguren von Anfang des 14. Jahrhunderts.

Adresse Grodzka 54, 31-044 Kraków | **ÖPNV** Tram 6, 8, 10, 13, 18, Haltestelle Wawel | **Öffnungszeiten** nur zu Gottesdiensten | **Tipp** In der Nähe der Andreaskirche ist das Café »Dziorawy Kocioł« (Der tropfende Kessel). Der Name sagt zumindest dem Fan schon alles: Es handelt sich um ein Café, dessen Inneneinrichtung und Speisekarte an Harry Potter orientiert ist. An manchen Abenden werden hier Harry-Potter-Filme gezeigt. Gegenüber kann man Äxte werfen. Alles, was Touristen eben so gefällt.

88 Die Sankt-Anna-Gasse

Ehemaliges Zentrum jüdischen Lebens

Wer ein paar Tage in Krakau bleibt, geht diese Gasse sicherlich ein paar Mal entlang. Zum Beispiel zum Collegium Maius (siehe Ort 104) oder in Richtung Krupnicza-Straße. Auf die Planty und dann zum Wawel. Vielleicht machen Sie auch kurz halt in der Sankt-Anna-Kirche. Diese war übrigens lange Zeit die einzige christliche Einrichtung in der Sankt-Anna-Straße, damals, als diese noch »platea Iudaeorum«, »Judengasse«, hieß.

Während die früheste Überlieferung zur Existenz einer jüdischen Niederlassung in Krakau aus der Mitte des 11. Jahrhunderts stammt, fanden Historiker die Bezeichnung »Judengasse« das erste Mal in einem der Krakauer Stadtbücher von 1304. Sie war der Mittelpunkt jüdischen Lebens bis 1400. Die damaligen Grenzen des jüdischen Quartiers lassen sich nur teilweise rekonstruieren, da das Archiv der Krakauer Jüdischen Gemeinde keine Dokumente aus dem Mittelalter besitzt. Die Synagoge, erstmals in Quellen von 1356 erwähnt, befand sich jedenfalls auf dem Gelände des heutigen Collegium Novum gegenüber der Kirche Sankt Anna. Die »platea Iudaeorum« führte vom Marktplatz zur Stadtmauer, wo sie von einer Pforte abgeschlossen wurde – eine Schutzeinrichtung für ihre Bewohner und aufgrund wiederkehrender Pogrome leider notwendig. Bis Ende der 60er Jahre des 15. Jahrhunderts wohnten Juden vom Markt kommend links auf dem Gebiet zwischen der heutigen Jagiellońska-, Gołębia-, Sankt-Anna-Straße und der Stadtmauer.

Nach dem großen Stadtbrand von 1495 wurden dann die meisten der jüdischen Bewohner nach Kazimierz umgesiedelt – man verdächtigte sie der Brandstiftung. Bis ins 17. Jahrhundert entwickelte sich Kazimierz zu einem Zentrum orthodoxen Judentums, während oder gerade weil sie in anderen Ländern Europas vor zunehmenden Pogromen flohen. Im 19. Jahrhundert machten jüdische Bürger 32 Prozent der Krakauer Bevölkerung aus.

Adresse Świętej Anny, 31-008 Kraków | **ÖPNV** Tram 2, 4, 8, 13, 14, 15, 18, 20, 24, Haltestelle Teatr Bagatela | **Tipp** Die Salatbar »Chimera« in der Sankt-Anna-Gasse ist der Ort, an dem die Krakauer gesund zu Mittag essen, und das im Hof eines beheizten, überdachten und begrünten Mietshauses. Die vielleicht schönste Kantine der Welt.

89 Sankt Benedikt

Geheimnisvolles kleines Gotteshaus

Sie ist die kleinste der Stadt und vielleicht auch die geheimnisvollste. Die Geschichte dieser Kirche ist nicht vollständig geklärt, sie steckt noch voller Fragen. Wann zum Beispiel wurde sie erbaut? Untersuchungen des Gipsmörtels ergaben, dass die Gründung der Kirche bis zu Bolesław dem Tapferen oder seinem Sohn Mieszko II zurückgehen könnte. Letzterer lebte ab dem Jahr 1013 in Krakau und war bekannt für sein Engagement im Kirchenbau. Die Benennung nach dem heiligen Benedikt gibt einen Hinweis auf einen ehemaligen Ort heidnischer Verehrung. Zur Zeit der Christianisierung Polens benannte man diese nämlich nach den Kämpfern gegen das Heidentum – Benedikt und Michael. Dies war auch bei den Kirchen auf dem Skałka und auf dem Krakus-Hügel der Fall, die beide sehr wahrscheinlich eine Rolle im heidnischen Kult gespielt hatten.

Ausgrabungen enthüllten ein vorromanisches Gebäude, dessen Boden 1,40 Meter unter dem jetzigen lag. Der benutzte Sandstein stammt wahrscheinlich aus der Nähe von Wieliczka oder Myślenice. Weil die archäologischen Funde Hinweise auf einen größeren Gebäudekomplex gaben, stellten Wissenschaftler die These auf, dass hier eine Konkurrenz zur Wawel-Burg gestanden haben könnte, wofür auch die Lage an der Haupthandelsroute zwischen Krakau und Ungarn spricht. In demselben Boden stießen die Archäologen auf zahlreiche, übereinander gestapelte Skelette. Die Mehrheit dieser stammte von unter 14-jährigen Kindern, genau wie die knöchernen Überreste derjenigen, die außerhalb der Kirche gefunden wurden. Die Gräber stammen aus verschiedenen Epochen, die ältesten könnten bis zu 1.000 Jahre alt sein. Im 15. Jahrhundert wurden hier die Leichen vieler an Cholera gestorbener Menschen begraben, das zeigen Kalkspuren in den Gräbern. Ein eigentümlicher Ort, dessen Abgeschiedenheit wohl auch der Namenspatron geschätzt hätte.

Adresse Porucznika Antoniego Stawarza, 33-332 Kraków | **ÖPNV** Tram 6, 11, 13, Haltestelle Limanowskiego | **Öffnungszeiten** zweimal im Jahr geöffnet, an Sankt Benedikt, dem 21. März, und am 1. Di nach Ostern | **Tipp** Noch nicht genug von schönen Parks? Gleich in der Nähe liegt der Park Bednarskiego, der mit seinen hohen Felswänden zu den schönsten Grünanlagen Krakaus zählt.

90_Das Sanktuarium

Einer der größten Wallfahrtsorte Europas

Dass Krakau Pilgerort für alle Fans von Johannes Paul II. ist, sollte jedem bereits nach kurzem Aufenthalt in der Stadt klar sein. Dass Krakau einer der größten Pilgerorte der Welt mit bis zu zwei Millionen Besuchern jährlich ist, liegt aber nicht nur am Papst.

Das »Sanktuarium der Barmherzigkeit Gottes« in Kraków-Łagiewniki ist die letzte Ruhestätte der heiligen Faustina Kowalska, die hier im Kloster lebte und starb. Hier befindet sich neben dem Grab Faustinas auch das berühmte Gnadenbild des barmherzigen Jesu, das von Adolf Hyła nach einer Vision der Schwester Faustina gemalt wurde. Vom Herz des Gottessohnes gehen rote und weiße Strahlen aus, darunter steht geschrieben: »Jezu, ufam tobie« (Jesus, ich vertraue auf dich). In der Vision hatte Jesus zu Faustina gesagt, dass dieses Bild zuerst hier in der Kirche des Konvents und dann auf der ganzen Welt verehrt werden solle. Sein Wunsch erfüllte sich: Heute arbeiten über 18.000 Freiwillige in 90 Ländern für die Stiftung der Barmherzigkeit Gottes, die auf Faustinas Visionen beruht.

Vom Aussichtsturm der Basilika fällt der Blick auch auf das riesige Areal der ehemaligen Solvay-Werke. Hier arbeitete Karol Wojtyła im Zweiten Weltkrieg, nachdem er sich freiwillig erst für den Steinbruch Zakrzówek und dann für die Chemiefabrik gemeldet hatte. Mit dieser Arbeit entging er einer Verschickung als Zwangsarbeiter nach Deutschland, und sie rettete ihn über die schweren Kriegsjahre. Laut seinen Biografen wählte er die Nachtschicht, um tagsüber Theologie studieren und weiterhin Theater spielen zu können. Als 18-Jähriger war er aus der 50 Kilometer entfernten Kleinstadt Wadowice nach Krakau gekommen und blieb 40 Jahre, bis er nach Rom übersiedelte. Im Sanktuarium wird neben all den anderen Heiligtümern auch die Soutane ausgestellt, die Johannes Paul II. bei dem Attentat 1981 trug.

Adresse Siostry Faustyny 3, 30-420 Kraków | **ÖPNV** Tram 8, 19, 22, Haltestelle Łagiewniki ZUS | **Öffnungszeiten** immer geöffnet | **Tipp** Die »päpstliche Tram« (Papieski tramwaj) 8 fährt an allen wichtigen Stationen Johannes Paul II. vorbei – Pilgern für Bequeme und diejenigen, die nicht mehr gut zu Fuß sind.

91 Das Schlossrestaurant

Herrschaftlich dinieren

Über den Ufern der Weichsel thront ein märchenhaftes Schloss. Es liegt am Rand des Wolski-Waldes, unterhalb des Berges verabschiedet sich die Weichsel kurvenreich in der Ferne.

Seit drei Jahrzehnten schon beglückt das hier ansässige Restaurant seine Gäste mit der großen Terrasse und dem malerischen Blick in die Ferne. Bei guter Wetterlage ist von hier aus sogar die Tatra sichtbar, ansonsten vor allem die Weichsel, der südwestliche Teil Krakaus, das Kamaldulenserkloster in Bielany und die Beskiden. Das Menü des Restaurants »U Ziyada«, das nach dem kurdischen Besitzer Ziyad Raoof benannt ist, bietet neben polnischen und europäischen auch Elemente der kurdischen Küche. Wer vor oder nach dem Essen einen Verdauungsspaziergang bevorzugt, kann dies im benachbarten Naturschutzgebiet tun. Das Schloss grenzt direkt an die etwas ältere Villa Odyniec, die Ende der 1920er Jahre als Privathaus des berühmten Krakauer Architekten Adolf Szyszko-Bohusz (bekannt als »der Herr auf dem Wawel«) errichtet wurde. Die runde Form des Gebäudes ist inspiriert von der vorromanischen Rotunde der Heiligen Jungfrau Maria, deren Überreste Szyszko-Bohusz bei seinen Arbeiten auf dem Wawel entdeckt hatte.

Bevor Sie sich jetzt aber in märchenhafte Geschichten träumen, die auf dieser Terrasse und in diesem Schloss stattgefunden haben: Es war alles andere als ein Märchenprinz, der diese Residenz am Rande des Wolski-Waldes entstehen ließ, und es ist auch gar nicht allzu lange her. Sein Name war Baron Otto von Wächter, und das »Schloss Wartenberg« entstand in den 1940er Jahren auf seine Initiative hin. Er war von den Nationalsozialisten als Belohnung für seine Teilnahme am faschistischen Putsch in Österreich zum Starost (Vorsteher) dieses Krakauer Stadtteils ernannt worden. Es handelt sich um eines der wenigen erhaltenen Architekturbeispiele des Dritten Reichs in Krakau.

Adresse U Ziyada, Jodłowa 13, 30-251 Kraków | **ÖPNV** Bus 209, 109, 239, Haltestelle Zaskale 1 | **Öffnungszeiten** Mo–So 10–22 Uhr, Tel. 0048/798667711 | **Tipp** Der Besitzer Ziyad Raoof ist Repräsentant des kurdischen Regionalregierung in Polen und setzt sich für die kurdisch-polnischen Beziehungen ein. Jedes Jahr lädt er zur Feier des kurdischen Neujahrsfests Nowruz ein. Raoof hat es sich außerdem zur Aufgabe gemacht, architektonische Denkmäler zu renovieren und aus ihnen Hotels zu machen, wie beispielsweise das zehn Kilometer von Krakau entfernte »Hotel Pod Krakowem« in einem alten Hof in Tomaszowice.

92__Der See Kryspinów

Kurzer Strandurlaub gefällig?

Es soll ja vorkommen, dass man sich nach dem Gegenteil von dem sehnt, was man gerade hat. In Krakau sind die Berge nah, also warum keinen Ausflug dorthin machen? Doch dann überkommt einen plötzlich die Sehnsucht nach Meer und Strand und Sand zwischen den Zehen, genau jetzt, wo man doch am anderen Ende des Landes ist. Während es schwer sein wird, an der Küste 2.000 Meter hohe Berge herbeizuzaubern, muss man von Krakau gar nicht weit fahren, um das Strandurlaubsgefühl zu befriedigen. Bevor Sie also überlegen, das wunderschöne Krakau zu verlassen und Richtung Norden oder Süden fliegen, fahren Sie doch an den See Kryspinów. Der liegt sogar näher als der Flughafen, und nach einer guten halben Stunde in öffentlichen Verkehrsmitteln steigen Sie aus und in herrlich weißen Sand und blau-grünes Wasser.

Nur zwölf Kilometer von Krakau entfernt finden wir hier alles, was unser Urlaubsherz begehrt. Gebrutzelt und gebraten wird nicht nur in der Sonne, sondern auch in den zahlreichen Restaurants und Kiosks um den See herum. Und wenn wir dann nicht mehr nur liegen, essen und trinken wollen, können wir eines der unzähligen Sport-, Spiel- und Spaßangebote nutzen. Die Auswahl ist wirklich groß: Gehen wir Volleyball spielen (Volleyball ist eine der beliebtesten Teamsportarten in Polen), leihen wir uns ein Kanu, probieren wir Stand-up-Paddling, Wake- oder Flyboarding aus? Danach leihen wir uns ein Quad und fahren mit diesem in den Kletterpark oder zum Campingplatz, wo wir uns ans Lagerfeuer setzen und auf Strandpartys tanzen.

Wem dieses Überangebot an Freizeitspaß dann immer noch nicht zum gelobten Urlaubsgefühl reicht, sollte zur Hauptsaison des Resorts im Sommer kommen. Dann können durchaus so viele Menschen auf dem Areal sonnen, schwimmen und segeln, dass Vergleiche mit El Arenal auf Mallorca oder dem Goldstrand in Bulgarien auf der Zunge liegen.

Adresse 32-060 Budzyń | **ÖPNV** Tram 70, Haltestelle Salwator, dann Bus 269, Haltestelle Budzyń Plaża Główna | **Öffnungszeiten** Freizeitangebote saisonal, 10–20 Uhr | **Tipp** Wenn Sie schon mal hier in der Gegend sind oder noch etwas Zeit bis zum Flug haben: Die historische Villa Radziwiłłów in Balice steht in der Nähe des Flughafens und ist eine Besichtigung wert.

93 Das Spielautomaten-Museum

Flipper und Co.

Die Räume dieses außergewöhnlichen Museums erinnern an eine Strandbar im Italienurlaub, in der zwei, drei Spielautomaten hinten in der Ecke standen. Wir hatten als Kinder aber nie genügend Kleingeld, um diese auch ausreichend nutzen zu können, außerdem waren die Automaten sowieso ständig besetzt. Das ist in diesem Museum zum Glück anders: Gegen einen einmalig gezahlten Eintrittspreis lassen sich hier von 12 bis 23 Uhr alle Automaten spielen, und das dank des »Free Play«-Modus so lange man will. Über 50 Flipper und Spielautomaten stehen auf den 300 Quadratmetern des Museums. Bis in die letzte Ecke blinkt, tutet, klingelt es hier – willkommen im Paradies für Liebhaber von Flipper und Co.

Die Gründer des Museums, Marcin Moszczyński und Maciej Oleśniak, waren lange Zeit einfach nur enthusiastische Privatsammler, bis sie irgendwann beschlossen, ihre Leidenschaft mit dem Rest der Welt zu teilen. Auf der Suche nach Exponaten stöberten sie in Kellern, Schuppen und auf Dachböden; sie entstaubten, schraubten und staunten immer wieder angesichts der teils gut erhaltenen Fundstücke. Ihr ältester Flipperautomat stammt aus dem Jahr 1974 und funktioniert für sein Alter noch einwandfrei. Bestaunenswert sind auch die vielen verschiedenen Gestaltungen der einzelnen Automaten. Sie eröffnen ganz eigene bunte Phantasiewelten und zeigen oft ein Thema aus der Film- und Comicwelt wie beispielsweise die X-Men oder die Helden aus dem »Star Wars«-Universum.

Zwischen den einzelnen Spielrunden können Gäste sich an der hauseigenen Bar mit kühlen Getränken und kleinen Snacks erfrischen. Finger und Hände benötigen schließlich neue Kraft für die nächste Runde. Nach dem Besuch ist glasklar, warum die Spielautomaten in jener Strandbar damals durchweg belegt waren.

Adresse Stradomska 15, 31-068 Kraków | **ÖPNV** Tram 6, 8, 10, 13, 18, 22, 52, Haltestelle Stradom | **Öffnungszeiten** Mo–So 12–23 Uhr | **Tipp** Wer jetzt in Spiellaune ist, für den ist die »BrainBurg« in der Szewska 21 ein Tipp: Hier kann man mit Gruppen bis zu 30 Leuten Brett- und detektivische Erzählspiele spielen, auch auf Englisch. 25 verschiedene Craftbeer- und Cider-Sorten stehen für die Verpflegung zur Auswahl.

94 Die Stańczyk-Statue

Der legendäre Hofnarr

25 Kilometer außerhalb von Krakau ließ sich Kasimierz der Große im 14. Jahrhundert einen zweiten Wawel erbauen. Fernab vom Trubel der Stadt erholte er sich hier vom Jagen in den nahe gelegenen Wäldern und hatte dabei nicht weniger Luxus als »zu Hause«.

Im Hof dieses Renaissanceschlosses sitzt in der Ecke rechts vom Eingang ein Hofnarr. Doch nicht nur Heiterkeit geht von ihm aus. Das berühmteste Bildnis Stańczyks stammt von Jan Matejko. Sein Gemälde zeigt den Hofnarren im roten Kostüm, besorgt denkt er auf einem Stuhl über die russische Eroberung Smoleńsks nach, während im Hintergrund ein königlicher Ball stattfindet (siehe Ort 26).

Über Stańczyks Leben und Herkunft ist so gut wie nichts bekannt. Was die Quellen über ihn berichten, ist hauptsächlich: Er war Hofnarr unter Alexander, Sigismund dem Alten und Sigismund Augustus. Er soll sehr intelligent gewesen sein, ein politischer Philosoph mit gutem Verständnis gegenwärtiger wie zukünftiger Vorgänge in Polen. Von Autoren und Historikern der damaligen Zeit wird er für seinen gewitzten Kampf gegen Heuchelei gerühmt. Die bekannteste Anekdote ist die des Jagdunfalls. Im Jahr 1533 war König Sigismund der Alte mit seinem Gefolge auf der Jagd. Seine Diener ließen für den zusätzlichen Nervenkitzel des Königs einen eigens zu diesem Zweck importierten Bären aus dem Käfig. Doch das Abenteuer verlief anders als gedacht: Der Bär griff den König und seine Hofleute an, was unter diesen Panik auslöste. Königin Bona fiel vom Pferd und erlitt eine Fehlgeburt. Der Hofnarr brachte sich ebenfalls in Sicherheit, wofür ihn der König kritisierte. Daraufhin soll Stańczyk geantwortet haben, derjenige sei ein größerer Narr, der den Bären überhaupt aus dem Käfig gelassen habe. Dies beziehen Historiker oft auf den Umgang des Königs mit Preußen, das durch Polen besiegt worden, aber nicht vollständig in das Königreich aufgenommen worden war.

Adresse Zamkowa 2, 32-005 Niepołomice | **ÖPNV** Bus 211, 221, 301, Haltestelle Niepołomice Rynek | **Öffnungszeiten** Mo–So 10–18 Uhr | **Tipp** Wer gern Tagesausflüge in die Umgebung Krakaus macht, dem seien die historischen Orte Lanckorona, Ogrodziniec oder Zalipie empfohlen.

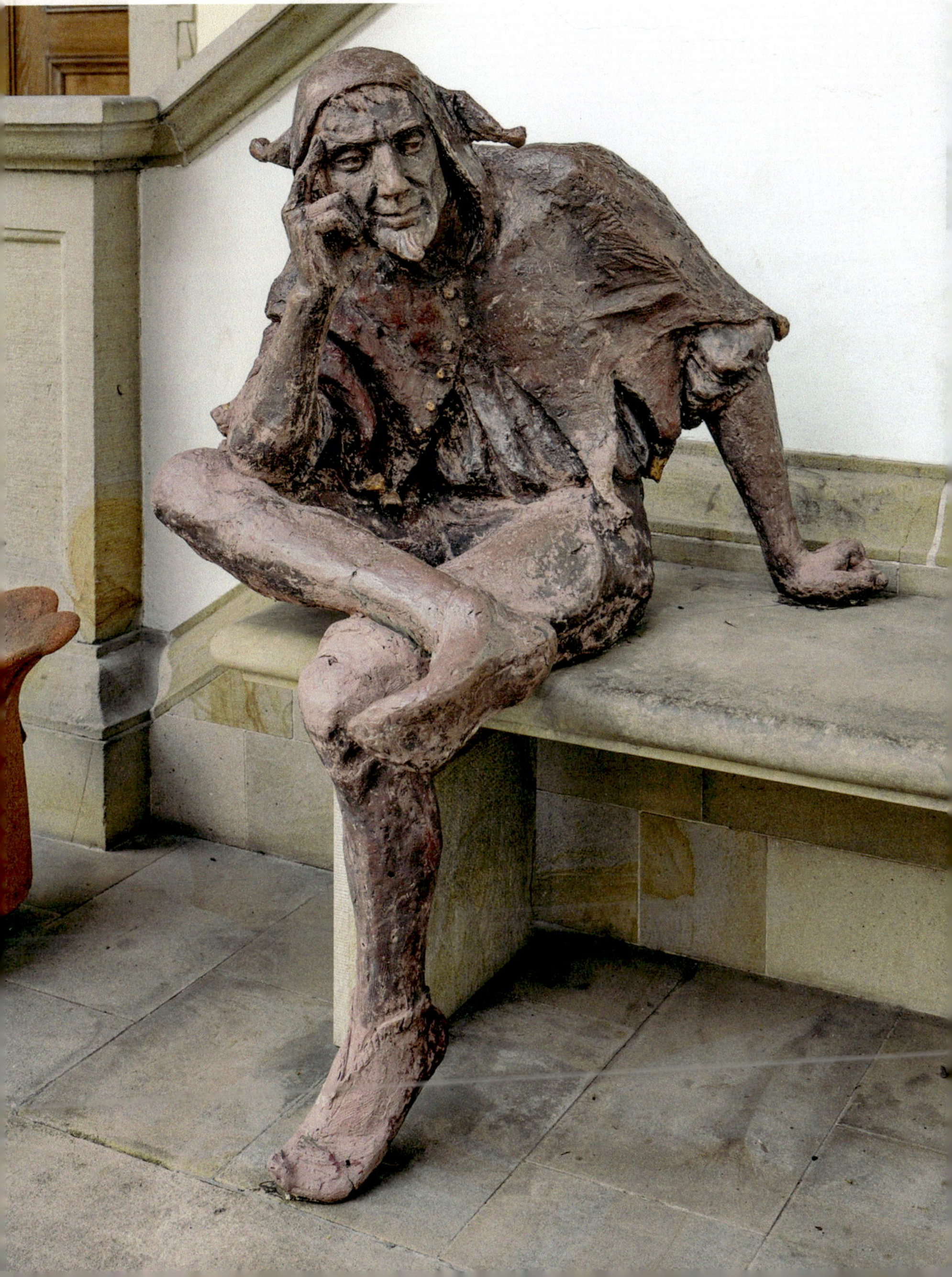

95 Stanisław Lems Straße

Ein Nachbar, kein Außerirdischer

Er schrieb über Weltraummissionen, Außerirdische, Leben auf dem Mars. Doch der außerhalb des eigenen Landes wohl berühmteste polnische Schriftsteller Stanisław Lem lebte keineswegs irgendwo im All oder abseits jeglicher Erdbewohner. Er wohnte in einem kleinen Haus in einem Vorort von Krakau und war ein Nachbar unter vielen. Ein Nachbar, der mit seinen Hunden Gassi ging, mit seinem Sohn im nahe gelegenen Park Drachen steigen ließ, der in seiner Lieblingskonditorei in der Stadt gern Kuchen kaufte und am liebsten mit Schokolade umhülltes Marzipan aß. Der sich allerdings bevorzugt in seinem Arbeitszimmer aufhielt, aus dem von früh (Arbeitsbeginn vier Uhr morgens) bis spät die Tasten seiner Schreibmaschine erklangen. Er war vielleicht von außerirdischem Ruhm, doch führte er kein abgehobenes, der Schwerkraft entledigtes Leben – er war auf der Erde geblieben.

Er und seine Frau Barbara zogen 1958 aus Lwów in den Krakauer Vorort Kliny. Dort hatte eine Wohnungsgenossenschaft gerade neue Einfamilienhäuser gebaut, und sie bezogen eines davon. Dabei handelte es sich um einen noch provisorischen Bau ohne Gas, oft ohne Strom und Wasser. Irgendwann bauten die Lems ein zweites Haus in derselben Straße, wo sie schließlich bis an ihr Lebensende wohnten. Hier entstanden Stanisławs berühmteste Werke, und hier empfing er berühmte Gäste, unter anderen Sławomir Mrożek, Jan Józef Szczepański und Czesław Miłosz.

Lem schätzte besonders die Ruhe dieses Ortes, die man noch heute bei einem Spaziergang durch »seine« Narvik-Straße nachempfinden kann. In der Nähe befindet sich der »Maćka i Doroty«-Park, in den ihn seine Frau schickte – er selbst hätte den ganzen Tag vor der Schreibmaschine verbringen können. Gehen Sie ein wenig durch seine Lebenswelt, vielleicht spüren Sie seine Anwesenheit, und wer weiß – vielleicht schreiben Sie nach diesem Ausflug auch einen Science-Fiction-Roman?

Adresse 1. Haus: Narvik 21, 2. Haus: Narvik 66, 30-436 Kraków | **ÖPNV** Bus 121, 451, Haltestelle Forteczna oder Bus 175, 214, 215, 225, 235, Haltestelle Judyma | **Tipp** Lems Lieblingskonditorei befand sich im Hotel Cracovia, einem 1965 eröffneten Hotel, das damals zu den größten und modernsten zählte. Heute gehört es zum Nationalmuseum, ein Museum für Architektur und Design ist in Planung.

96 Das steinerne Tor

Die Wächter der Stadt

Zwei mächtige Felsen ragen auf dem Weg in den Ojców-Nationalpark empor. Der Wanderer verspürt bei ihrem Anblick Ehrfurcht vor der Macht der Natur. Werden wir beim Durchschreiten dieses Tores, dieser zwei riesigen Wächter, eine neue Welt betreten? Wohin führt uns dieser Weg? Sind die zwei Felsen eigentlich verzauberte Wesen, die jeden Menschen auf seinen wahren Charakter prüfen?

Die Legende besagt: Es waren einmal zwei Riesen, die bewachten den Weg nach Krakau, damit nur diejenigen die Stadt betraten, die von edler Gesinnung waren. Eines Tages wurden sie jedoch hereingelegt, und ein Fluch verwandelte sie für immer zu Felsen. Dieser Zauber werde erst aufgelöst, wenn sich die beiden die Hände reichten; da sie nun jedoch aus Stein sind, bedeutet dies, sie müssen sich aufeinanderzubewegen, was als Gestein gar nicht so leicht ist. Seit damals stehen die zwei Wächter am Eingang zur Schlucht des Prądnik-Tals und haben acht, wer diesen Weg betritt.

Angeblich rücken die beiden Felsen tatsächlich Jahr für Jahr näher zusammen. Wenn sie sich dann eines Tages berühren, so die Legende, ist das das Ende der Welt. Um genau dies zu verhindern, stützen sich Passanten und Wanderer gegen die Felsen und versuchen, ihr Voranschreiten zu verzögern. Die einen probieren es mit Ästen und Zweigen, das ist die längerfristige, nachhaltige Variante; andere setzen ihren eigenen Körper ein.

Das Bild erinnert an den Schiefen Turm von Pisa: Menschenmassen, die alle ungefähr in derselben Position erstarren, bis das perfekte Foto geschossen ist. Der Unterschied zu Pisa besteht hier natürlich unter anderem darin, dass man das Objekt mit den Händen berühren darf. Wie auch immer Sie schlussendlich vorgehen: Es handelt sich um eine gute Gelegenheit, mit aller Kraft das – manchmal näher rückende, manchmal fern wirkende – Ende der Welt zu verschieben.

Adresse Ojcowska, Nationalpark Ojców | ÖPNV Tram 4, Haltestelle Bronowice SKA, dann Bus 210, Haltestelle Murownia | Tipp In der Nähe des Tors befinden sich weitere Sehenswürdigkeiten des Nationalparks, wie die Felsformation »Rękawica« oder die »Jaskinia Ciemna«, die dunkle Höhle, in der vor Urzeiten eine Ansiedlung der Neandertaler lebte.

97 Die Sternwarte

Abstand und Ausblicke

Wen es einmal nach Abstand zu den Geschichten der Stadt verlangt, wer Pause benötigt von all ihrer architektonischen Größe, aber auch ihrem menschlichen Geschehen, kann einen Ausflug zur Sternwarte mit dem Namen von Krakaus berühmtestem Alumnus Nikolaus Kopernikus machen.

Das Observatorium gehört heute zum Institut für Physik und Astronomie der Jagiellonen-Universität. Im Jahr 1792 wurde es als eines der ersten des Landes gegründet, andere Sternwarten standen in dem damals noch zu Polen gehörigen Vilnius und in Warschau. Es steht auf dem Gelände der ehemaligen österreichisch-ungarischen Festung »Fort 38 Skała«, einem der Krakauer Vorstadthügel. Seit damals erforschten Wissenschaftler hier jegliche Aktivitäten von Sonne, Mond und Sternen, oft in Kooperation mit anderen nationalen sowie internationalen Institutionen. Durch die frühe Gründung wurde auch ein Rekord möglich: Hier in Krakau fanden die längsten durchgehenden Wetteraufzeichnungen Polens statt.

In der Praxis war Krakau mit seiner Sternwarte anderen Städten voraus – in der Theorie jedoch nur bedingt. Im Vergleich zu anderen Ländern hielt man hier lange an der Überzeugung fest, die Erde sei Mittelpunkt des Kosmos. Noch bis Mitte des 18. Jahrhunderts wollte man von der heliozentrischen Theorie ihres heute so verehrten Alumnus Nikolaus Kopernikus, der damit ja gleichzeitig ein neues Weltbild darbot, nichts hören. Dies könnte auch daran gelegen haben, dass Krakau als sehr konservative Stadt und Ort des polnischen Königtums selbst Mittelpunkt seines Kosmos war. Wer glaubt schon gern, er sei nicht Zentrum des Universums?

Ein Blick nach oben ins Weltall erinnert uns aber dann doch an unsere eigentliche Größe. Mit seinen unendlichen Weiten schafft es neue Perspektiven und damit auch wieder Raum für mehr Geschichten über das mythische, vielfältige Krakau.

Adresse Orla 171, 30-244 Kraków | ÖPNV Bus 102, Haltestelle Obserwatorium | Öffnungszeiten Mo–Sa rund um die Uhr | Tipp Im Museum des Collegium Maius kann man die ältesten wissenschaftlichen Gerätschaften Polens bestaunen.

98 Das Studentenwohnheim

Erinnerung an eine außergewöhnliche Frau

Im Jahr 1414 studierte in Krakau ein 15-Jähriger namens Jakub. Eigentlich hieß er jedoch Nawojka und war der Legende nach die Tochter des Bürgermeisters von Dobrzyn an der Weichsel. Lesen und Schreiben auf Polnisch und Latein hatte sie in ihrem Elternhaus mitbekommen. Als Frau war ihr weitere Bildung jedoch untersagt, Sinn ihres Lebens war es, zu heiraten und Kinder zu bekommen. Am Tag ihrer Hochzeit nahm Nawojka Reißaus und floh als Mann verkleidet nach Krakau, wo sie sich an der dortigen Universität einschrieb. Erst nach drei Jahren des Studiums flog sie auf. Wie dies genau geschah, darin sind sich die Geschichten uneinig. Vielleicht erkannte sie ein Bekannter, oder sie war krank und der Arzt entdeckte ihr eigentliches Geschlecht bei der Untersuchung. Hätte sie nicht so großen Erfolg im Studium und so gutes Verhalten gegenüber den Professoren gezeigt, wäre sie wohl auf dem Scheiterhaufen gelandet. Den Rest ihres Lebens verbrachte sie als Nonne im Kloster.

Sie gilt zwar als erste Frau an einer polnischen Universität, doch darf nicht vergessen werden, dass ihr dies ja nur aufgrund ihrer Maskerade möglich war. Ungefähr 300 Jahre später, 1824, erhielten Konstancja and Filipina Studzińska, zwei Barmherzige Schwestern, ihr Diplom in Pharmazie von der medizinischen Fakultät der Jagiellonen-Universität. Ein beispielloser Fall in Europa, wo sich Frauen erst ab den 1850er Jahren einschreiben konnten. Jadwiga Sikorska, Stanisława Dowgiałło and Janina Kosmowska waren die ersten Frauen ohne Ordenstracht, die die Schwelle des Collegium Maius offiziell überschritten.

Das Wohnheim vor uns ist das erste Frauenwohnheim aus dem Jahr 1929. Es trägt Nawojkas Namen als ewige Erinnerung an jene mutige und wissbegierige Frau. Es ist innerlich und äußerlich ein typisches polnisches Wohnheim, in dem auch Zimmer an Gäste vermietet werden. Wer weiß, vielleicht erleben Sie ja eine Wohnheim-Party mit?

Adresse Studentenwohnheim Nawojka, Reymonta 11, 30-059 Kraków | ÖPNV Bus 164, 169, 179, 189, Haltestelle AGH/UR | Öffnungszeiten nur von außen zu besichtigen | Tipp Jadwiga Sikorska (später Klemensiewiczowa) eröffnete als erste Apothekerin Galiziens mit Magister eine Apotheke in der Karmelicka 15, in der sie nur Frauen anstellte.

99 Der stündliche Warnruf

Trompeter mit Ausblick

Um einen ersten Überblick über eine Stadt zu gewinnen, bietet sich der Blick von einem Kirchturm an. In Krakau am besten von einem der Türme der Marienkirche. 272 Stufen später haben Sie den ultimativen Rundumblick auf Krakau und Umgebung. Unten das Gewimmel auf dem Rynek, dort der Wawel, die vier Hügel, die Beskiden und manchmal sogar die Gipfel der Tatra. Und: Sie können den Trompetern beim Blasen des Hejnał Mariacki zusehen. Wer in Krakau ist, kommt an diesem Warnruf aus den Türmen der Marienbasilika nicht vorbei. Er gehört zur Stadt wie der »obwarzanek« (siehe Ort 44) und der Drache.

Eine solch alte Tradition zieht Legenden an wie der Marktplatz Touristen. Niemand weiß genau, woher die Melodie stammt. Unsicher ist auch, ob die beliebte Geschichte um den Hejnał wirklich so geschehen ist: Bei einem Angriff der Tataren im Jahr 1241 soll der Trompeter auf dem Turm der Marienkirche die übliche Melodie als Warnsignal an die Stadt gespielt haben. Ein feindlicher Bogenschütze traf ihn tödlich mit einem Pfeil, doch die Einwohner waren bereits alarmiert und konnten sich verteidigen. Seitdem, so die Legende, wird bis heute die Melodie an einer bestimmten Stelle einfach abgebrochen, als Erinnerung an den tapferen Kollegen zu damaligen, raueren Zeiten. Jeder Trompeter muss übrigens neben seinen musikalischen Fähigkeiten einen Lehrgang zum Feuerwehrmann vorweisen sowie physische und psychologische Tests durchlaufen. Im Gegensatz zu früher wohnen sie nicht mehr hier, haben aber 24-Stunden-Schichten und sind für die Touristen zuständig.

Die erste Aufzeichnung des Warnrufs stammt auf jeden Fall aus dem Jahr 1392. Anfangs war er am Morgen und am Abend das Signal, die Stadttore zu öffnen oder zu schließen, er warnte bei Feuer und Feindesangriff. Später erst spielte man ihn stündlich, einmal in jede Himmelsrichtung – heute wird er sogar in die ganze Welt übertragen.

Adresse Plac Mariacki 5, 31-042 Kraków | ÖPNV Tram 1, 3, 10, 24, 52, 62, Haltestelle Poczta Główna | Öffnungszeiten März–Okt. Di–Sa 10–18 Uhr, So 13–18 Uhr, Eingang zum Turm auf der Seite der Ulica Floriańska | Tipp Einen schönen Ausblick auf den Wawel und die Weichsel gibt es von der Dachterrasse des Restaurants »Malecon« aus (Plac Na Groblach 22).

100_Der Szczepański-Platz

Der kleine, stillere Bruder

Manchmal lohnen sich schon wenige Schritte. Dieser Platz liegt nur eine Seitenstraße entfernt vom Trubel des Großen Marktplatzes und der Szewska-Straße, *der* Partymeile Krakaus. Wenige Schritte, und Sie befinden sich erneut auf einem Platz, auf einem jedoch, der mit seiner Stille, seinen netten Cafés und Restaurants und nur wenigen Eindrücken, die die Augen überfordern könnten, Erholung bietet. Vor allem im Sommer ist der Platz beliebt wegen der Farbenspiele und seinem Brunnen. Auf Kaffee und Kultur müssen Krakau-Kundige auch hier nicht verzichten.

So unscheinbar der Platz auch wirkt – Anfang des 20. Jahrhunderts war hier Party angesagt. Dort, wo heute das Haus mit der Nummer 3 steht, befand sich zunächst ein Krankenhaus, bevor der Kaufmann und Stadtrat Roman Drobner 1890 das Gebäude erwarb. Eine seiner ersten Aktionen war es, als kleines Zuckerl einen Pavillon an das Haus anfügen zu lassen. In diesem eröffnete 1905 ein Café: das »Wiosenna«, allgemein als »Drobnerion« bekannt. Es handelte sich dabei tatsächlich um das erste Gebäude, das allein zum Zweck der Eröffnung eines Cafés gebaut wurde; das hatte es vorher in Krakau nicht gegeben. Jan Zawiejski, der Architekt des Słowacki-Theaters, entwickelte den geräumigen Pavillon im Art-nouveau-Stil mit Außenbereich – völlig neu zu jener Zeit. Wer auf sich hielt, musste sich hier sehen lassen.

Leider währte das Café-Glück nicht lange, denn noch vor dem Ersten Weltkrieg zerstörte ein schwerer Brand das ganze Haus. Um sich ein wenig in die Atmosphäre von damals einzufühlen, sollte man das »Café Bunkier« und die dazugehörige Galerie nebenan besuchen – auch das genießt mittlerweile Ruhm unter den Einwohnern und Touristen. Im Haus Nummer 3 befindet sich heute außerdem der alternative Club »Betel« mit großem Außenbereich und vielen interessanten Veranstaltungen.

Adresse Plac Szczepański, 33-332 Kraków | **ÖPNV** Tram 2, 3, 14, 18, 20, 24, Haltestelle Teatr Bagatela | **Tipp** Man munkelt, in einem der unschuldig aussehenden Restaurants oder Bars gebe es eine Falltür, über die man in ein Kellergewölbe hinuntersteigt, wo am Wochenende die krassesten Technopartys stattfinden. Wo genau dies ist, darf hier nicht verraten werden.

101 Tischners Wirkstätte

Orte seines Schaffens

In dem Haus, vor dem wir stehen, ging der Priester und Philosoph Józef Tischner seit den 1960er Jahren ein und aus. Damals befand sich hier die Redaktion der katholischen Wochenzeitung »Tygodnik Powszechny«. In dieser Zeitung veröffentlichte Tischner ab den 1980er Jahren Texte, die später als »Ethik der Solidarität« herausgegeben wurden. Darin betont er unter anderem die Bedeutung des Dialogs. Damit ein solcher funktioniere, müssen sich beide Seiten zunächst in ihrer Unterschiedlichkeit anerkennen. Gleichzeitig sollen sie ihre Gemeinsamkeit akzeptieren, die in dem über allem stehenden Thema des Leides besteht, das sich Menschen gegenseitig antun.

Die Stadt Krakau war nicht nur das Zentrum seines Schaffens, sondern auch der Ursprung. An der Jagiellonen-Universität hatte er Theologie studiert und sich 1955 in der Basilika auf dem Wawel zum Priester weihen lassen. Nicht mal 30 Jahre später hielt er hier seine Oktoberpredigt vor der Führungsriege der oppositionellen Solidarność-Gewerkschaft. Von da an und besonders ab seinen Ethik-Texten galt er als »Kaplan der Solidarność«.

Die 1980er Jahre waren überhaupt eine wichtige Zeit für Polens Kirche. Oppositionelle fanden in den Kirchen Schutzräume und Hilfe, Künstler durften in ihren Räumlichkeiten ausstellen, lesen, diskutieren, und Studenten konnten sich in den dort organisierten Vorlesungen Wissen aneignen, das nicht von der kommunistischen Ideologie beeinflusst war. Tischner gehörte zu jenen Engagierten, die sich für Kinder und junge Menschen einsetzten und versuchten, ihnen so viel wie möglich beizubringen und zu helfen. Noch lange nachdem er wegen seines Kehlkopfkrebses nicht mehr sprechen konnte, veröffentlichte er seine philosophisch-humanistischen Texte. Am 28. Juni 2000 verstarb er in Krakau. Heute versuchen ein Institut und ein Kinderhospiz unter seinem Namen, sein intellektuelles Erbe fortzuführen.

Adresse Wiślna 12, 33-332 Kraków | ÖPNV Tram 1, 2, 6, 8, 13, 18, Haltestelle Filharmonia | Öffnungszeiten von außen zu besichtigen, Buchhandlung im Gebäude Mo–Fr 10–18, Sa 9–14 Uhr | Tipp Weitere Tischner-Orte: In der Marka 10, dem Haus der Priesterprofessoren, wohnte er von 1965 bis in die 1990er Jahre, und in der Sienna 5 war die Redaktion der Zeitschrift »Znak«, für die er ebenfalls schrieb.

102 Die Totenlaterne

Das ewige Licht leuchte ihnen

Ein Licht leuchtet in der Dunkelheit. Dann, wenn uns am kältesten wird, ist es Zeichen der Wärme und Hoffnung. Es steht für Ewigkeit, für Auferstehung. Diese Funktion war den Totenlaternen inne, die ab dem 12. Jahrhundert von Frankreich über Deutschland bis Polen gelangten und überall dort, wo Tod und Krankheit herrschten, standen: zumeist vor Krankenhäusern, Friedhöfen oder Unterkünften für Leprakranke. Sie leuchteten für die Passanten als Warnung vor Infektionsgefahr, aber auch gegen die Dunkelheit, vor der man sich so sehr fürchtete. Denn im Dunkeln herrschten Geister und Gespenster, und verirrte Seelen wollten dem gemeinen Glauben nach den im Finstern Verirrten zu sich locken. Die Totenlaternen erfüllten also einen wichtigen gesellschaftlichen Zweck, und doch ist ihre Existenz in unserer rund um die Uhr beleuchteten Gegenwart so gut wie vergessen. Die meisten der Laternen wurden umfunktioniert, umgestellt, entfernt.

Vor der Kirche des heiligen Nikolaus steht die letzte erhaltene gotische Totenlaterne Krakaus. Sie ist auch die Letzte ihrer Art in ganz Polen. Ihr Licht warnte ab dem 14. Jahrhundert vor dem Betreten eines Bereichs zwischen Leben und Tod. 1871 wurde sie vom Słowiański-Platz in Kleparz hierher versetzt. An ihrem ehemaligen Standort hatte sie Besucher daran erinnert, dass sie kurz davor waren, einen Ort für Aussätzige zu betreten. Die Säule ist ungefähr dreieinhalb Meter lang und hat ein spitzes Dach mit Jesusfigur. Bei ihrem Umzug mauerte man die Löcher in ihren Wänden zu, durch die zuvor das Licht einer Lampe die Umgebung erhellt hatte.

Wer genau hinschaut, entdeckt in der Stadt weitere Totenlaternen, an die 40 sollen es sein. Viele sind als solche nicht mehr erkennbar, sie dienen nun als Straßenkapelle oder als Steinsäule ohne Funktion, weswegen es so leicht ist, sie zu übersehen und an ihnen vorüberzugehen.

Adresse Mikołaja Kopernika 9, 31-034 Kraków | **ÖPNV** Tram 3, 10, 24, 52, Haltestelle Poczta Główna | **Tipp** Eine weitere Erinnerung an die Vergänglichkeit sind die Totenglocken: Diese befanden sich früher vermutlich an jeder Kirche, heute sind sie noch an drei Kirchen in Krakau zu finden, beispielsweise an der Kasimirkirche in der Reformacka 4. Die Glocken riefen die Gläubigen zum Gebet für den Sterbenden auf.

103 Das »türkische« Haus

Märchenhafte Minarette

Im Stadtteil Kleparz, an der Ecke der Długa und Pędzichów, steht ein Mietshaus aus dem 19. Jahrhundert. Ganz oben befinden sich drei Türme, die an die Minarette einer Moschee erinnern und die von Legenden umrankt sind. Angeblich habe der Besitzer des Mietshauses, Artur Teodor Rayski, die Moschee für seine ägyptische Zweitfrau gebaut, zur Erinnerung an ihre Heimat. Sie habe dort oben gewohnt, doch niemand habe sie je zu Gesicht bekommen, heißt es. Rayski war nach dem gescheiterten Januaraufstand 1863 in die Türkei emigriert. Dort hatte er sich im Russisch-türkischen Krieg den neu gegründeten polnischen Legionen der Osmanischen Armee angeschlossen.

1892 war er als türkischer Bürger und Muslim nach Polen zurückgekehrt und hatte sich in Krakau niedergelassen. Er heiratete die Katholikin Józefa Syroczyńska, die ein Mietshaus in der Długa-Straße besaß – das »Dom Turecki«. Nach einem Aufenthalt in Ägypten soll er mit einer »exotischen« Schönheit wiedergekehrt sein, woraufhin er den Ausbau des Hauses in Auftrag gegeben habe. Von der obersten Wohnung führte eine Treppe zum Eingang der Moschee. Drei Jahre nach der Bauerlaubnis, 1913, verstarb Teodor Rayski. Sehr wahrscheinlich ist, dass Rayski, der immerhin 20 Jahre in der Türkei verbracht hatte, die Moschee zum Eigengebrauch verwendete. In den 1950er Jahren verwandelte ein Vermieter dann die ehemalige Moschee in eine Wohnung. Für die Zerstörung des religiösen Ortes musste er angeblich nur 300 Złoty Strafe zahlen.

Was wahr und was Märchen ist, wird wahrscheinlich nicht mehr ans Licht kommen. Klar ist jedoch: Die Türme des Mietshauses tragen zu der sagenhaften Atmosphäre der Stadt bei, deren interkultureller und interreligiöser Vergangenheit hier ein weiteres Denkmal gesetzt wurde. Gleichzeitig verdeutlicht dieses Haus, wie leicht Klatsch und Tratsch weitererzählt wird und Jahrhunderte überlebt.

Adresse Długa 31, 31-147 Kraków | **ÖPNV** Tram 2, 4, 14, 15, 18, 20, 24, Haltestelle Stary Kleparz | **Öffnungszeiten** von außen zu besichtigen | **Tipp** Barista-Kaffee, hervorragenden Käsekuchen plus Garten gibt es ein paar Häuser weiter (Długa 37) im Café »Tociekawa«.

104 Die Universitätsaula

Pracht und Niedertracht

Das Motto der Universität steht als Erinnerung und Mahnung über dem Steinportal zur Aula: »plus ratio quam vis« (Vernunft vor Gewalt). Die Geschichte zeigt bisweilen die Umkehrung dieses lateinischen Spruchs in sein Gegenteil.

Seit dem 15. Jahrhundert gehört dieser Saal zur Jagiellonen-Universität, der nach Prag zweitältesten in Mitteleuropa. Das Collegium Maius ist das älteste Universitätsgebäude in Polen und war zeitweise auch Wohnort der Theologieprofessoren. In deren ehemaligem Vorlesungssaal hängen heute die Porträts der hundert wichtigsten Rektoren, Bischöfe und Könige, die die Universität mitprägten. Würdevoll und erhaben, der Schönheit dieser Aula entsprechend, blicken sie auf ihre Besucher herab, von denen sie im Laufe der Jahrhunderte schon Tausende gesehen haben. Fehlen dürfen in dieser Galerie natürlich nicht die Gründer der Universität, Kazimierz der Große und Władysław Jagiełło sowie Königin Jadwiga, deren Stiftung vor über 600 Jahren für die Erneuerung und das Wiederaufblühen der Universität sorgte.

Über dem Fenster zur Jagiellońska-Straße hängen fünf Porträts ehemaliger Professoren, die an deren Ermordung durch die deutschen Nationalsozialisten erinnern.

Hier zeigt sich erneut die Nähe von Heldentum und Tragödie in der polnischen Geschichte. Die deutschen Besatzer luden am 6. November 1939 in der »Sonderaktion Krakau« 183 Krakauer Professoren und Universitätsangehörige zu einer Vorlesung in die Aula des Collegium Novum, was sich im Nachhinein allerdings als Falle herausstellte. Die meisten von ihnen wurden in die Konzentrationslager Dachau und Sachsenhausen deportiert. Die Aula im Collegium Novum befindet sich um die Ecke des Collegium Maius. Ihre Innenausstattung orientiert sich an der Aula in dessen Museum. Den jüngeren Prachtsaal können wir virtuell oder im Rahmen universitärer Feierlichkeiten bewundern.

Adresse Jagiellonen-Universität, Jagiellońska 15, 31-010 Kraków | **ÖPNV** Tram 2, 6, 8, 13, 18, Haltestelle Filharmonia | **Öffnungszeiten** Ausstellung: Mo–Fr 10–16.15 Uhr, Café und Innenhof: 9–17 Uhr; die Aula des Collegium Novum ist leider nur für feierliche Anlässe geöffnet, um einen Eindruck davon zu bekommen, können Sie eine virtuelle Tour machen, www.pajorama.eu/uj/collegium-novum-eng.html | **Tipp** Gegenüber des Collegium Novum, am anderen Ende der Kapucyńska-Straße, befindet sich die »Manufaktura Kapucynów«, in der Sie im Kloster hergestellte Naturheilmittel, Kosmetikartikel und mehr erstehen können (Loretańska 11).

105 Die Villa Decius

Herrschaftliche Anlage im Renaissancestil

Von den eigenen Grünanlagen sowie dem Wola-Park umgeben liegt die herrschaftliche Renaissance-Villa Decius. Der Namensgeber, Justus Ludwig Dietz, später Decius genannt, plante die Villa nach römischem und florentinischem Vorbild und ließ sie bis 1538 fertigstellen. Der aus Ungarn stammende Decius wurde nach seiner Ankunft in der Stadt relativ schnell einer der einflussreichsten Bürger Krakaus. Als Berater König Sigismunds I. und dank seiner zahlreichen Veröffentlichungen pflegte er zudem Freundschaften zu Größen des europäischen Humanismus, er war beispielsweise bekannt mit Martin Luther sowie Erasmus von Rotterdam. Justus' Sohn führte diese Beziehungen weiter: Im 16. Jahrhundert fanden Anhänger von Luther und Calvin in der Villa einen toleranten Zufluchtsort für die Ausübung ihrer Religion.

Gegen 1590 erwarb Sebastian Lubomirski die Villa, dessen Sohn wiederum sie in einem frühen Barockstil umbauen ließ. Diese Version steht, abgesehen von kleinen Renovierungen, bis heute. Bis zum Ersten Weltkrieg ging sie von einer aristokratischen Familie zur nächsten, bis sie schließlich in den 1970er Jahren komplett verfallen war und nach der Wende in den Besitz der Stadt überging.

1991 schlug Dr. Karl Dedecius auf dem CSCE Symposium zum europäischen Kulturerbe die Gründung eines Dialogcenters für Wissenschaftler, Künstler und Übersetzer vor. Dieser Vorschlag des Vermittlers zwischen Polen und Deutschen stieß auf offene Ohren und wurde im Laufe des nächsten Jahrzehnts umgesetzt. Bis 2000 wurde die Villa kernsaniert und um ein weiteres Gebäude, das sogenannte »Erasmus-Haus«, erweitert. Heute befindet sich darin das Institut für Kultur, das mit seinen Ausstellungen und als Ort für Seminare, Konferenzen und weitere internationale und interkulturelle Zusammenkünfte der Vision Karl Dedecius' gerecht wird. Wer auf herrschaftliche Weise heiraten möchte, kann dies hier außerdem tun.

Adresse 28 Lipca 1943 17A, 30-233 Kraków | **ÖPNV** Bus 134, Haltestelle Stara Wola | **Öffnungszeiten** Mo–Fr 9–17 Uhr | **Tipp** Der »Dworek Białoprądnicki« im Norden der Stadt ist ebenfalls ein historisches Haus, in dem heute kulturelle Veranstaltungen stattfinden.

106 Der Vorplatz der Basilika

Die Republik der Frauen

Die Karmelitenbasilika war bis Mitte des 19. Jahrhunderts der Ausgangspunkt einer besonderen Krakauer Tradition: der »Comber Babski«. Jedes Jahr am »Tłusty Czwartek« (Unsinniger Donnerstag) kamen Gemüsehändlerinnen aus den Dörfern rings um Krakau in die Stadt und blieben meist bis Aschermittwoch, wenn die Feierlichkeiten endgültig endeten. Anders als sonst kleideten sich die »baby« (Weiber) genannten Frauen an jenem Tag wie feine Damen, nur dass ihre Kleidung anstatt aus Seide, Satin und Tüll aus grobem Leinen und Stroh bestand, und anstatt Korkenzieherlocken flochten sie sich Sägespäne ins Haar.

Am Eingang zur Szewska-Straße formierten sie sich und begannen ihren feierlichen Marsch Richtung Marktplatz. Gegen Mittag erreichte die Parade der schon angetrunkenen Frauen den Markt, und ab da begann die Zeit der »Republik der Frauen«. In den nächsten Stunden liefen die »baby« auf dem Markt und in den angrenzenden Straßen herum und jagten Männer. Jene, die es nicht geschafft hatten, im Karneval eine Frau zu finden, wurden an große Blöcke aus Holz gekettet, mit Kränzen aus getrockneten Erbsen geschmückt und zur Erheiterung der Menge über den Marktplatz geführt. Ältere und verheiratete Männer nahmen die Frauen als Geiseln und ließen sie wild tanzen; befreien konnten sich die Männer nur mit Münzen und Küssen. Auf dem Höhepunkt seiner Beliebtheit war der Kreis der Tänzer angeblich so groß, dass er einmal um die Tuchhallen herumführte. »Comber Babski« hielt sich bis 1846. In jenem Jahr verboten die österreichischen Besatzer diese alles andere als konservativen Feierlichkeiten. Anders als andere Traditionen wurde diese nicht wiederbelebt. Der »Tłusty Czwartek« kommt nicht von ungefähr: An diesem Tag essen viele Polen so viel Süßes wie möglich, traditionell vor allem »faworki« (Schmalzgebäck) und »pączki« (Hefegebäck). In der Woche darauf beginnt nämlich die 40-tägige Fastenzeit bis Ostern.

Adresse Karmelicka 19, 31-131 Kraków | ÖPNV Tram 2, 4, 13, 14, 18, 20, 24, Haltestelle Teatr Bagatela | Öffnungszeiten So 6–19 Uhr fast stündlich heilige Messe, Besichtigung am besten 14–16 Uhr | Tipp In einer Kapelle an der Südseite der Basilika befindet sich die Ikone der Muttergottes von Piasek aus dem 15. Jahrhundert, das bekannteste Kunstwerk dieser Kirche. Sie soll der Legende nach auf wundersame Weise vollendet worden sein. Jan Matejko, der seine eigene Hochzeit hier feierte, verzierte sie mit einer Krone.

107 Der Weg des Heiligen

Ein Spaziergang im Namen des Nationalheiligen

Im Jahr 1079 wird der Krakauer Bischof Stanisław im Auftrag Herzog Bolesławs II. ermordet. Warum und wie genau dies vonstattenging, darüber sind sich zeitgenössische Quellen uneins. Sicher ist jedoch: Dieses Ereignis führte zu einem wahren Personenkult um Stanisław, der 1253 heiliggesprochen und zum Schutzpatron Polens erklärt wurde.

In Krakau liegt zwischen Wawel und der Paulinerbasilika die Straße des heiligen Stanisław. Dort beginnt dieser kleine Spaziergang, und er endet an der Kirche des heiligen Stanisław dem Märtyrer im östlichen Stadtteil Dąbie. Wer will, kann die fünf Kilometer bis zum Ziel »wallfahrten«; wer nicht will, kann sie als Ausflug aus dem Touristischen ins »Krakau der Krakauer« ansehen. Der Weg führt immer entlang des Bulwar Kurlandzki am Weichselufer. Wir gehen am unteren Rand von Kazimierz vorbei, passieren die Galeria Kazimierz. An diesem Punkt haben wir dann auch schon die meisten Touristen hinter uns gelassen. Hinter der darauffolgenden Brücke liegt der Stadtstrand (Plaża miejska), mit künstlich aufgeschüttetem Sand, Volleyballfeld und Essensständen – wie ein einziger, riesiger Sandkasten für Erwachsene. Wer will, kann hier in den Liegestühlen eine erste Pause einlegen.

Je weiter man dem Boulevard in Richtung Westen folgt, desto weniger historische Häuser stehen entlang der Straße und desto weniger Leute sind unterwegs. Teilweise wirkt die Gegend so menschenleer und vom Grün verwildert, dass man sich längst nicht mehr in der Stadt wähnt. Nach dem Stadtstrand folgt der Park Grzegórzecki, der nach der nächsten Autobrücke fast nahtlos in den Park Dąbie übergeht, an dessen oberem Ende sich auch das Ziel unseres Spaziergangs befindet. Hier beginnt ein wilder, unberührter Teil der Weichsel – ein Kontrast zum modernen katholischen Gotteshaus, über dessen Ästhetik am Ende allein der Betrachter entscheidet.

Adresse Ulica Świętego Stanisława 1, 31-071 Kraków | **ÖPNV** Tram 18, 22, 52, Haltestelle Orzeszkowej; Tram 1, 22, ab Haltestelle Dąbie in Richtung Innenstadt zurück | **Tipp** Auf Höhe des Stadtstrands befindet sich die Bäckerei Café »Breaking Bread«, die unter anderem hausgebackene Brote und leckeres Frühstück mit Zutaten von lokalen Bauern und Produzenten anbietet.

108 Die Wohnungen Wisławas

Spaziergang durch das Leben einer Nobelpreisträgerin

Es ist eines ihrer bekanntesten Gedichte: »Katze in der leeren Wohnung«. Darin betrachtet die Dichterin Wisława Szymborska den Tod ihres Ehemanns aus der Sicht einer Katze: »Sterben – das tut man einer Katze nicht an. Denn was soll eine Katze in einer leeren Wohnung.« Dort, wo Szymborska ihr Leben verbrachte, legt jetzt eine andere Hand »den Fisch auf den Teller«. Ein Spaziergang durch Szymborskas Leben führt uns einmal quer durch Krakau.

Als sie sechs Jahre alt ist, zieht ihre Familie aus der Nähe von Poznań nach Krakau in eine schicke Sechs-Zimmer-Wohnung in der Radziwiłłowska 29. Während des Kriegs macht sie in einer Untergrundschule Abitur, danach beginnt sie Polonistik zu studieren, bricht aber ab und heiratet 1948 den Literaten Adam Włodek. Mit ihm zieht sie in das »Haus der Schriftsteller« in der Krupnicza 22 (siehe Ort 64), eine in ihrer Erinnerung »sehr kalte« Wohnung. 1954 lassen sich die beiden scheiden, bleiben einander aber freundschaftlich verbunden. Szymborska veröffentlicht regelmäßig Gedichte, Kolumnen und Essays in verschiedenen Zeitschriften im In- und Ausland. 1963 zieht sie in einen »blok« in der Królewska 82. Ihre Einzimmerwohnung dort ist so klein, dass sie sie »szuflada« (Schublade) nennt, der Künstler Stefan Papp fertigt ihr eigens Möbel dafür an. Am 1. Februar 2012 stirbt Wisława Szymborska mit 88 Jahren in der Piastowska 46, in der Wohnung, in die sie nach dem Gewinn des Nobelpreises 1996 gezogen war. Die öffentlichkeitsscheue, bescheidene Schriftstellerin hätte sich eine der teureren Altbauwohnungen in der Altstadt leisten können, doch sie bevorzugte eine einfache Dreizimmerwohnung um die Ecke ihrer »Schublade«.

Sie war hier, dann verschwand sie plötzlich und wird doch beharrlich immer da bleiben.

Adresse Anfangspunkt des Spaziergangs: Piastowska 46, Endpunkt ist die Radziwiłłowska 29 oder der Rakowicki-Friedhof mit Szymborskas Grab, Dauer circa eineinhalb Stunden | **ÖPNV** Tram 4, 8, 13, 14, 24, Haltestelle Głowackiego | **Öffnungszeiten** nur von außen zu besichtigen | **Tipp** Ein Zwischenstopp kann im Café »Nowa Prowincja« in der Bracka-Straße eingelegt werden, in dem Szymborska gern mit Freunden verweilte.

109 Der Wolski-Wald

Mehr als ein Wäldchen

Zehn Minuten mit öffentlichen Verkehrsmitteln vom Stadtzentrum entfernt beginnt eines der größten Naherholungsgebiete der Stadt Krakau. Der Wolski-Wald, lokal auch »Lasek Wolski«, also Wolski-Wäldchen, genannt, gehört seit 1917 zur Stadt und ist in seinem Angebot so vielfältig, dass die Verniedlichungsform wohl dem Humor und der Zuneigung der Krakauer zugerechnet werden muss. Wer sich nach Sport an der frischen Luft sehnt, kann hier, abhängig von der Jahreszeit, auf über 40 Kilometern wandern, Fahrrad fahren, reiten, skifahren oder langlaufen. Wem die einheimischen Tiere nicht genug sind, findet hier im Wald auch alle anderen: Der Krakauer Zoo liegt ungefähr in der Mitte des Parks, ein Bus hält vor der Haustür.

Den Namen verdankt das Gebiet Mikołaj Wolski, dem »Marschall der Krone«. Dieser wollte hier um das Jahr 1600 herum ein Kloster stiften und bat den Besitzer Sebastian Lubomirski daher um den Verkauf seines Grundstücks. Weil sich dieser jedoch weigerte, veranstaltete Wolski ein großes Fest, auf dem er seine Pläne schilderte und Lubomirski öffentlich um das Grundstück bat. Unter diesen Umständen, vor all den adeligen und königlichen Zeugen, musste dieser ihm seinen Besitz umsonst überlassen. Zum Dank überließ Wolski ihm das Silbergeschirr, das an jenem Abend benutzt worden war. Seitdem heißt der Klosterberg auch »Silberberg« (Bielany*)*. Darauf steht heute noch das Kamaldulenserkloster, dessen Mönche ein strikt religiöses Leben führen. Frauen erhalten Zutritt zur Basilika aus dem 17. Jahrhundert nur an zwölf bestimmten Tagen im Jahr. An allen übrigen Tagen bleibt ihnen nur der Blick von außen auf das Kloster, der vor allem von der anderen Seite der Weichsel, aus dem Tal heraus, beeindruckend ist. Der Silberberg ist mit 394 Metern neben dem Piłsudski-Hügel der höchste des Wolski-Walds. An seinen Südhängen wird sogar Wein angebaut.

Adresse 30-232 Kraków-Zwierzyniec | ÖPNV Bus 134, Haltestelle Stara Wola oder Bus 109, 209, 219, Haltestelle Bielańskie Skały | Tipp Im Süden des Waldes, am Anfang des Stadtteils Przegorzały, steht ein Baum mit sieben Stämmen, er trägt den Namen »Die Sieben Schwestern«.

110_Der Zapiekanki-Imbiss

Das Zentrum des nächtlichen Kazimierz

Jeder, der im Krakauer Nachtleben unterwegs ist, sollte schon einmal von diesem Ort gehört haben. Es ist kein Geheimnis: Nachts dreht sich in Kazimierz alles um diesen Platz. Und er hat auch alles, was man zum Feiern benötigt, ja, es handelt sich vielleicht sogar um den perfekten Ort zum Feiern. In der Mitte des Plac Nowy (Neuer Platz) steht ein Rundgebäude aus Backstein, in dem eine Imbissbude neben der anderen zu Hause ist. Es stammt von Anfang des 20. Jahrhunderts, früher war hier unter anderem eine koschere Metzgerei. Außen herum sind die beliebtesten Bars und Veranstaltungsorte in Kazimierz.

Der Mitternachtssnack schlechthin, an dem Sie am Plac Nowy nicht vorbeikommen, sind die »zapiekanki«. Dabei handelt es sich um mit viel Käse überbackene Viertel eines Baguettes, die mit Ketchup und Mayo serviert werden – genauso wie die Pizza in Polen. »Zapiekanki« gibt es in Polen seit den 1970er Jahren. Die »Urform« war nur mit Champignons, Käse und Ketchup belegt. Mit den wenigen Mitteln, die verfügbar waren, zauberten die einfallsreichen Menschen damals etwas, das ein wenig an Pizza erinnerte und den Hunger schnell stillte.

Das Besondere am Plac Nowy sind die vielen Variationen des Belags, hier findet einfach jeder das, worauf er Lust hat. Nun lässt sich natürlich über Geschmack streiten, und über die »zapiekanki« gehen die Meinungen im Internet weit auseinander. Während viele Menschen sie feiern, sind andere entsetzt, wie man nur so etwas essen kann, und begründen es mit geschmacksverirrten Touristen und übermäßig konsumiertem Alkohol. Sollten Sie jetzt neugierig geworden sein, probieren Sie sie doch einfach selbst! Es lohnt sich auf jeden Fall, die Atmosphäre am Plac Nowy zu genießen, die das ganze Jahr über vor allem nachts voller feiernder, durstiger, hungriger, ausgelassener Menschen aus allen Ecken der Erde ist.

Adresse Plac Nowy, 31-056 Kraków | ÖPNV Tram 6, 8, 10, 13, Haltestelle Stradom | Öffnungszeiten immer geöffnet | Tipp Bestimmt kein Geheimtipp mehr und trotzdem empfehlenswert: das »Alchemia« am nördlichen Ende des Plac Nowy. Im Keller finden regelmäßig Konzerte und Partys abseits des Mainstreams statt.

111 Die Zwangsarbeitslager

Orte ohne Erinnerung

Wer abseits der bekannten, viel zitierten und touristisch überfüllten Holocaust-Gedächtnisorte gedenken will, kann dies auf einem Spaziergang vom ersten bis zum dritten »Julag« (»Judenarbeitslager«, damalige Bezeichnung durch die Nationalsozialisten) tun.

Im Rahmen des sogenannten »Ostbau-Programms« 1942 plante die Deutsche Reichsbahn den Ausbau der Bahnhöfe in den Krakauer Vororten Płaszów und Prokocim, die Umgehungsbahn Krakau, Werkstätten in Płaszów, die Errichtung einer Siedlung in Prokocim sowie eine Verstärkung der Brücken. Da die benötigte Anzahl an Arbeitern in der Stadt Krakau nicht vorhanden war, schaffte man auch aus umliegenden Ortschaften jüdische Arbeiter heran.

Das schon vor 1942 gegründete Lager »Julag I«, in dem zunächst vor allem polnische Gefangene arbeiteten, befand sich in Płaszów, ungefähr auf der Höhe der Stein- und Kalkbrüche. »Julag II« gründeten die deutschen Besatzer im Juli 1942 in Prokocim an der Cmentarna-Straße in der Nähe des örtlichen Friedhofs. Mit zwölf bis 14 Holzbaracken war es deutlich größer als Julag I. Zwei Monate später errichteten sie das dritte Arbeitslager in Bieżanów.

Die Reichsbahn beschäftigte im Oktober 1942 etwa 42.000 Juden. Im September übernahm die SS die Führung der Lager. Deren Insassen legten Bahndämme für die zweigleisige Trasse an, schütteten Schotter auf, trugen und verlegten Holzbohlen und Eisenbahnschienen. Andere mussten die Be- und Entwässerungsanlagen für die Bahnhöfe ausbauen oder Beton mischen. Am 14. November 1943 lösten die Nationalsozialisten die Lager auf. Bei der Räumung der Lager II und III ermordeten sie noch vor Ort die ersten Insassen, den Rest brachten sie in Lager I, in dem sie bei einer ersten »Selektion« etwa 200 Menschen, vor allem Kinder und Ältere, an Ort und Stelle erschossen. Insgesamt wurden ungefähr 4.000 Männer und Frauen anschließend in andere Arbeitslager im Distrikt Radom deportiert.

Adresse Julag I: Kamieńskiego 97, 30-555 Kraków-Płaszów; Julag II: Bieżanowska, Prokocim; Julag III: Złocieniowa, Bieżanów | **ÖPNV** Tram 3, 6, 11, 13, 24, Bus 143, Haltestelle Dworcowa; Bus 143, Haltestelle Cmentarz Prokocim; Bus 143, Haltestelle Złocieniowa | **Öffnungszeiten** immer geöffnet | **Tipp** In der Nähe des Julag I befindet sich auch der alte jüdische Friedhof von Podgórze.

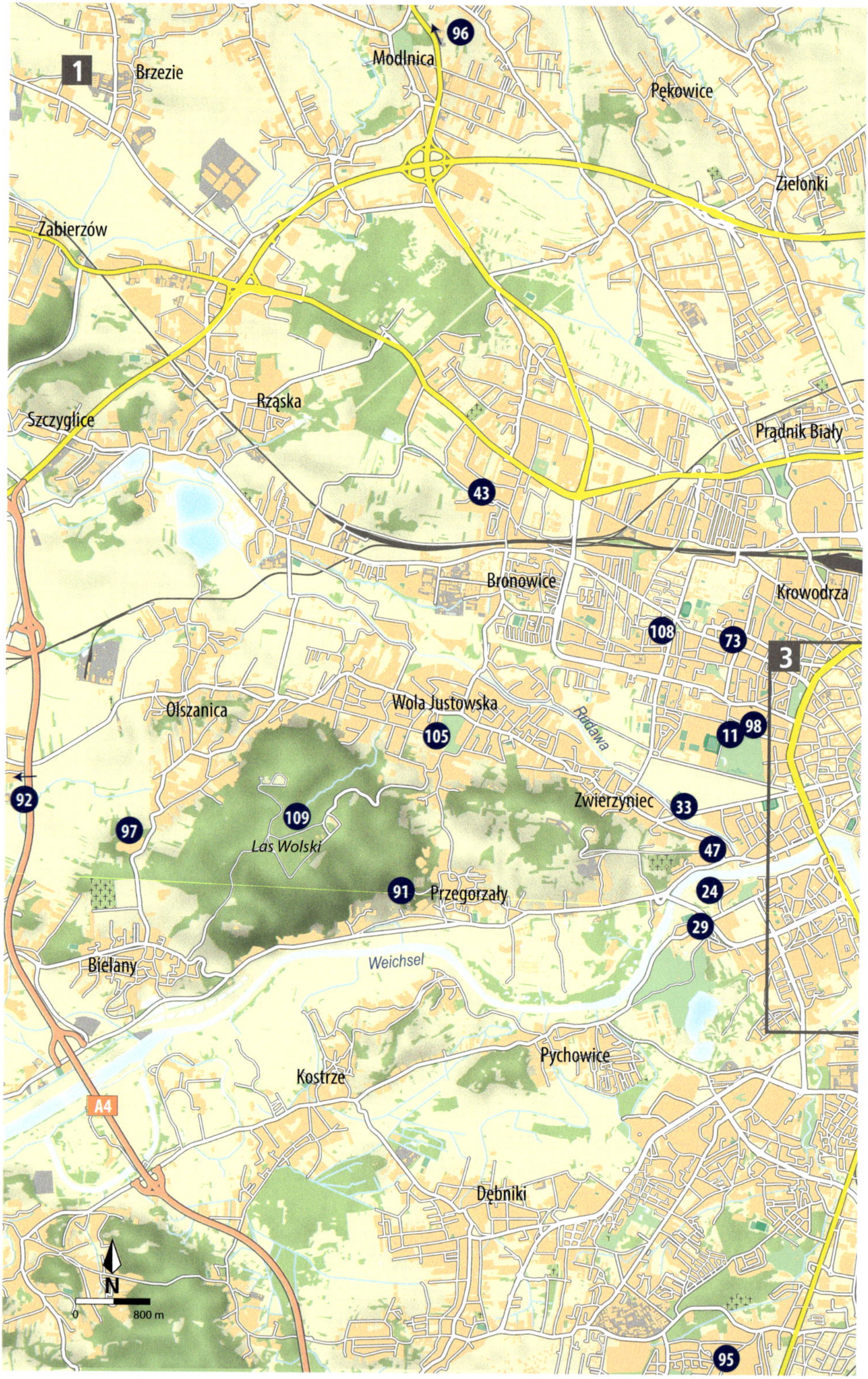
1
Brzezie
96
Modlnica
Pękowice
Zielonki
Zabierzów
Rząska
Szczyglice
Prądnik Biały
43
Bronowice
Krowodrza
108
73
3
Olszanica
Wola Justowska
105
Rudawa
11
98
92
Zwierzyniec
33
109
97
Las Wolski
47
91
Przegorzały
24
29
Bielany
Weichsel
Pychowice
Kostrze
A4
Dębniki
N
0
800 m
95

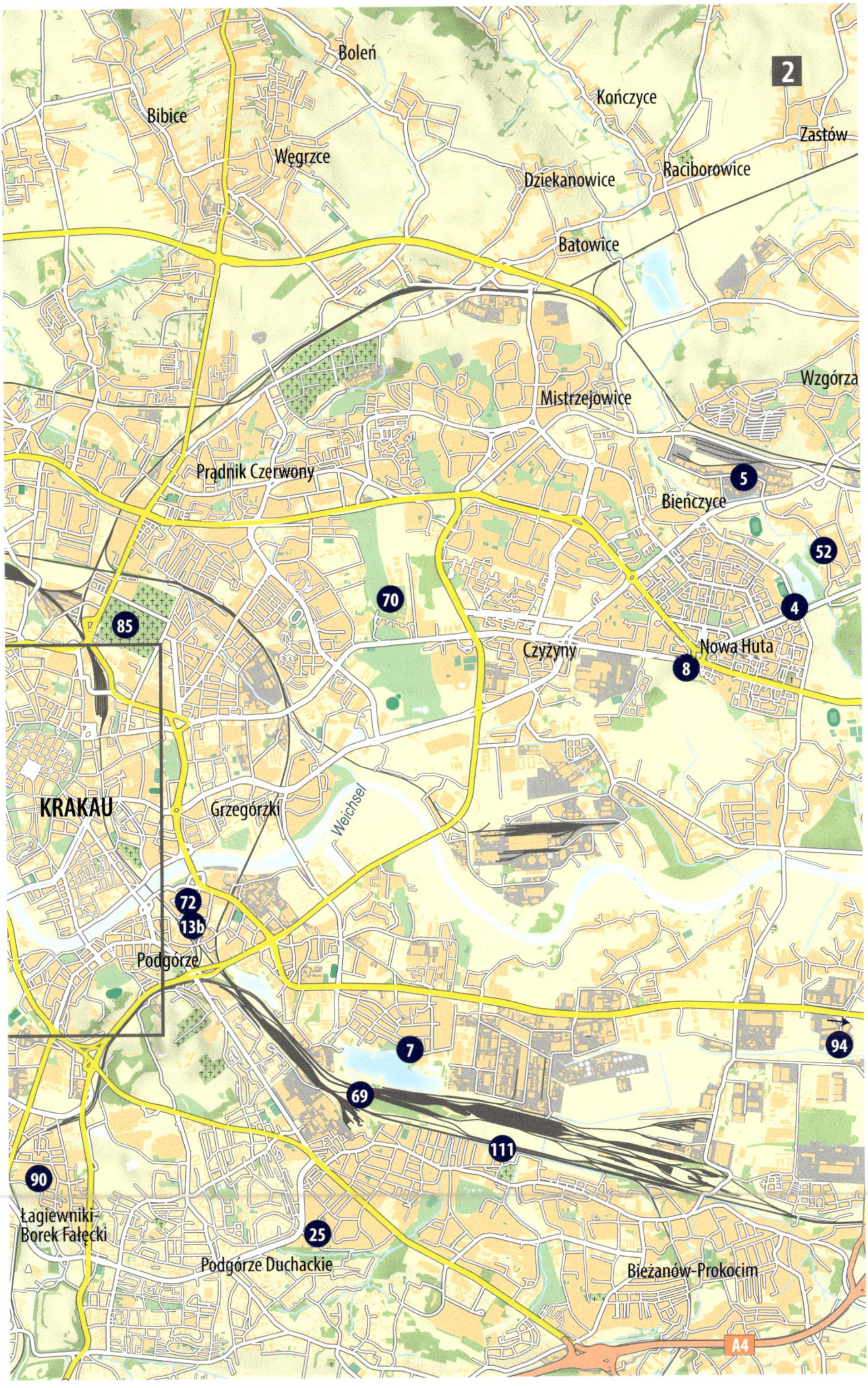

2
Boleń
Bibice
Kończyce
Zastów
Węgrzce
Raciborowice
Dziekanowice
Batowice
Wzgórza
Mistrzejowice
Prądnik Czerwony
5
Bieńczyce
52
70
4
85
Czyżyny
Nowa Huta
8
KRAKAU
Grzegórzki
Weichsel
72
13b
Podgórze
7
94
69
111
90
Łagiewniki-Borek Fałęcki
25
Podgórze Duchackie
Bieżanów-Prokocim
A4

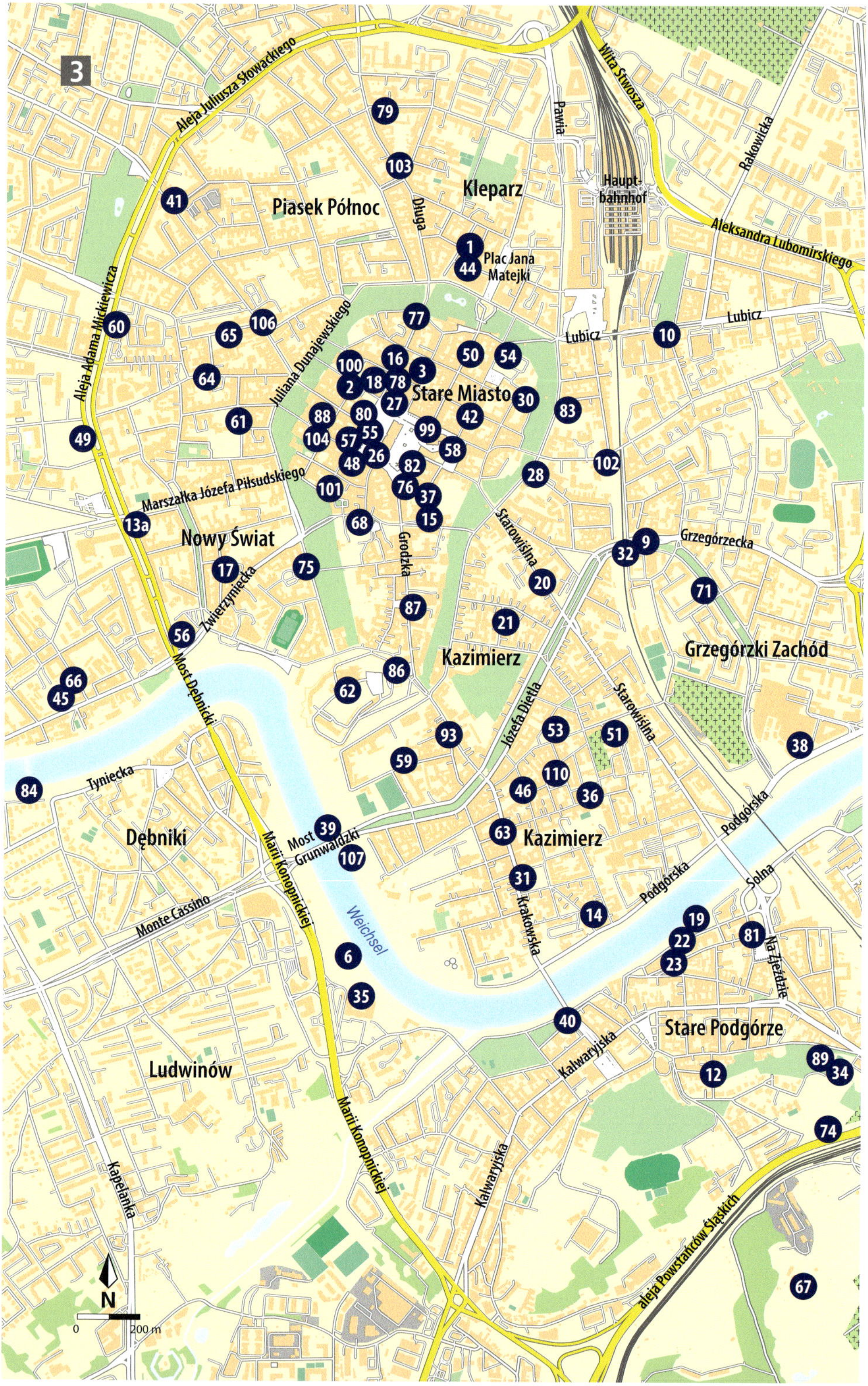
3
Piasek Północ
Kleparz
Plac Jana Matejki
Stare Miasto
Nowy Świat
Kazimierz
Grzegórzki Zachód
Dębniki
Ludwinów
Stare Podgórze
Hauptbahnhof
Weichsel
Aleja Juliusza Słowackiego
Aleja Adama Mickiewicza
Juliana Dunajewskiego
Marszałka Józefa Piłsudskiego
Zwierzyniecka
Most Dębnicki
Tyniecka
Most Grunwaldzki
Monte Cassino
Marii Konopnickiej
Kapelanka
Długa
Pawia
Wita Stwosza
Rakowicka
Aleksandra Lubomirskiego
Lubicz
Grzegórzecka
Starowiślna
Grodzka
Józefa Dietla
Krakowska
Podgórska
Solna
Na Zjeździe
Kalwaryjska
aleja Powstańców Śląskich
N
0
200 m

Jeroen Kuiper
111 Orte in Warschau, die man gesehen haben muss
ISBN 978-3-7408-0978-2

Matěj Černý, Marie Peřinová
111 Orte in Prag, die man gesehen haben muss
ISBN 978-3-95451-927-9

Dorothee Fleischmann, Carolina Kalvelage
111 Orte in Budapest, die man gesehen haben muss
ISBN 978-3-7408-0877-8

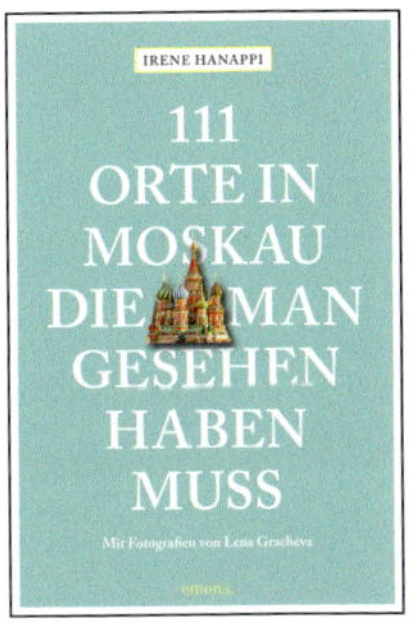

Lena Gracheva
111 Orte in Moskau, die man gesehen haben muss
ISBN 978-3-7408-0993-5

Julia Csabai
111 Orte in Sofia, die man gesehen haben muss
ISBN 978-3-7408-0862-4

Veronika Wengert
111 Orte in Slowenien, die man gesehen haben muss
ISBN 978-3-7408-1083-2

Ranka Keser
111 Orte in Kroatien, die man gesehen haben muss
ISBN 978-3-7408-0557-9

Marcus X. Schmid
111 Orte in Istanbul, die man gesehen haben muss
ISBN 978-3-95451-333-8

Alexia Amvrazi, Diana Farr Louis, Diane Shugart
111 Orte in Athen, die man gesehen haben muss
ISBN 978-3-7408-0560-9

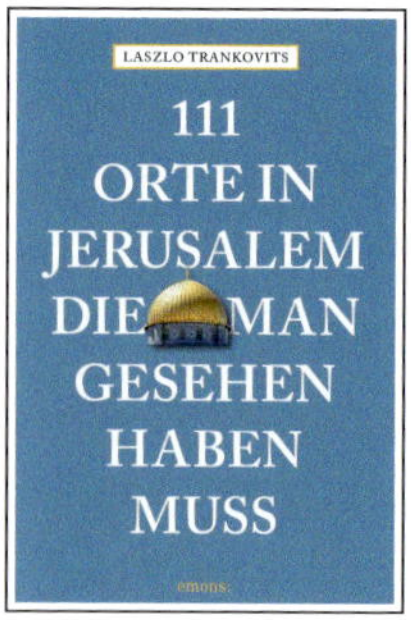

Laszlo Trankovits
111 Orte in Jerusalem, die man gesehen haben muss
ISBN 978-3-7408-0390-2

Andrea Livnat
111 Orte in Tel Aviv, die man gesehen haben muss
ISBN 978-3-7408-0725-2

Annett Klingner
111 Orte in Rom, die man gesehen haben muss
ISBN 978-3-95451-219-5

Natalino Russo
111 Orte in Neapel, die man gesehen haben muss
ISBN 978-3-7408-0478-7

Fabrizio Ardito
111 Orte auf Malta, die man gesehen haben muss
ISBN 978-3-7408-0356-8

Peter Eickhoff
111 Orte in Wien, die man gesehen haben muss
ISBN 978-3-7408-0746-7

Gerald Polzer, Stefan Spath
111 Orte in Graz, die man gesehen haben muss
ISBN 978-3-95451-466-3

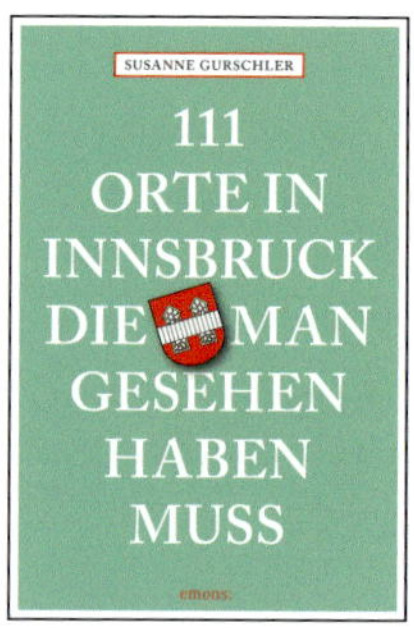

Susanne Gurschler
111 Orte in Innsbruck, die man gesehen haben muss
ISBN 978-3-7408-0343-8

Cornelia Lohs
111 Orte in Bern, die man gesehen haben muss
ISBN 978-3-7408-1385-7

Oliver Schröter
111 Orte in Zürich, die man gesehen haben muss
ISBN 978-3-95451-538-7

Mercedes Korzeniowski-Kneule
111 Orte in Basel, die man gesehen haben muss
ISBN 978-3-95451-702-2

Ambroise Tièche, Katharina Hohmann, Fritz von Klinggräff
111 Orte in Genf, die man gesehen haben muss
ISBN 978-3-7408-0835-8

Lucia Jay von Seldeneck, Verena Eidel, Carolin Huder
111 Orte in Berlin, die man gesehen haben muss
ISBN 978-3-7408-1097-9

Jochen Reiss
111 Orte in Hamburg, die man gesehen haben muss
ISBN 978-3-7408-1211-9

Rüdiger Liedtke
111 Orte in München, die man gesehen haben muss, Band 1
ISBN 978-3-7408-1298-0

Bernd Imgrund
111 Kölner Orte, die man gesehen haben muss
ISBN 978-3-7408-0801-3

Sybil Canac, Renée Grimaud, Katia Thomas
111 Orte in Paris, die man gesehen haben muss
ISBN 978-3-95451-847-0

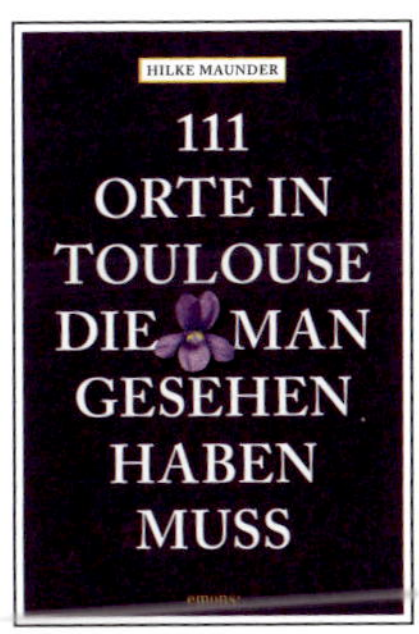

Hilke Maunder
111 Orte in Toulouse, die man gesehen haben muss
ISBN 978-3-7408-1091-7

Holger Grumt Suárez,
Rolando Grumt Suárez
111 Orte in Barcelona, die man gesehen haben muss
ISBN 978-3-7408-0994-2

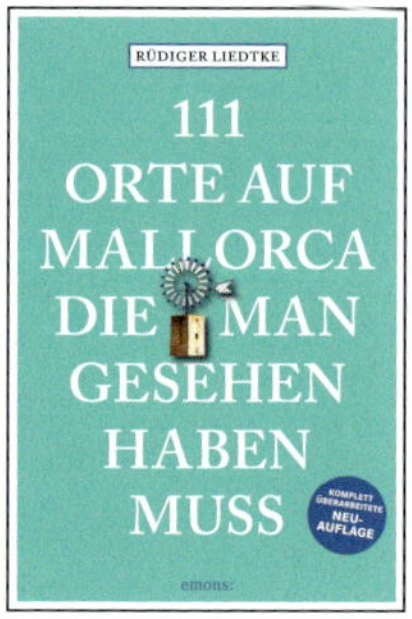

Rüdiger Liedtke
111 Orte auf Mallorca, die man gesehen haben muss
ISBN 978-3-7408-0871-6

Kathleen Becker
111 Orte in Lissabon, die man gesehen haben muss
ISBN 978-3-7408-0244-8

Joscha Remus
111 Orte in Luxemburg (Stadt), die man gesehen haben muss
ISBN 978-3-7408-0363-6

Kay Walter, Rüdiger Liedtke
111 Orte in Brüssel, die man gesehen haben muss
ISBN 978-3-7408-0128-1

Thomas Fuchs
111 Orte in Amsterdam, die man gesehen haben muss
ISBN 978-3-95451-209-6

John Sykes
111 Orte in London, die man gesehen haben muss
ISBN 978-3-7408-0970-6

Frank McNally
111 Orte in Dublin, die man gesehen haben muss
ISBN 978-3-95451-853-1

Gillian Tait
111 Orte in Edinburgh, die man gesehen haben muss
ISBN 978-3-7408-0476-3

Tom Shields
111 Orte in Glasgow, die man gesehen haben muss
ISBN 978-3-7408-0386-5

Jan Gralle, Vibe Skytte
111 Orte in Kopenhagen, die man gesehen haben muss
ISBN 978-3-7408-0243-1

Kai Oidtmann
111 Orte in Island, die man gesehen haben muss
ISBN 978-3-95451-829-6

Gabriele Haefs
111 Orte in Oslo, die man gesehen haben muss
ISBN 978-3-7408-1088-7

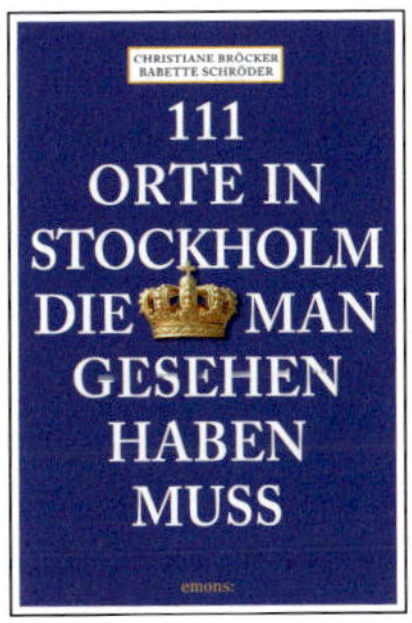

Christiane Bröcker, Babette Schröder
111 Orte in Stockholm, die man gesehen haben muss
ISBN 978-3-95451-203-4

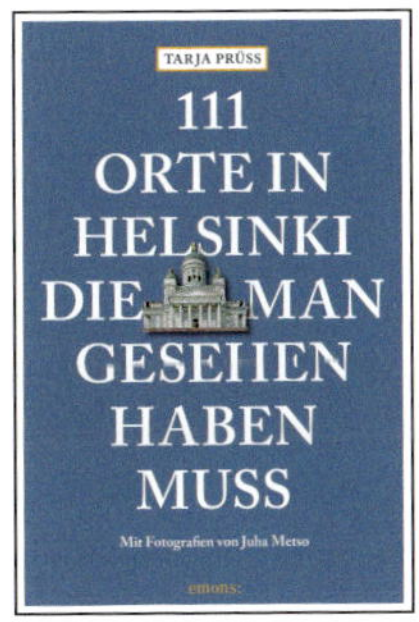

Tarja Prüss
111 Orte in Helsinki, die man gesehen haben muss
ISBN 978-3-7408-0342-1

Annett Klingner
111 Orte in Dubai, die man gesehen haben muss
ISBN 978-3-7408-0647-7

Christoph Hein, Sabine Hein
111 Orte in Singapur, die man gesehen haben muss
ISBN 978-3-7408-0337-7

Stefanie Thiedig, Xie Kaijin
111 Orte in Peking, die man gesehen haben muss
ISBN 978-3-7408-0250-9

Lena Schraml studierte in Kraków und in Łodź – beides Städte, in denen sie sich mittlerweile zu Hause fühlt. Die Autorin lebt und promoviert in Halle (Saale) zu polnischer Gegenwartsliteratur.

Marta Wróbel lebt und arbeitet in Kraków. Von Kultur, Geschichte und den Menschen der Stadt war sie schon immer fasziniert. Als Hobbyfotografin entdeckt sie die Stadt immer wieder aufs Neue.